# Uit Amma's Hart

Gesprekken met
Sri Mata Amritanandamayi

Mata Amritanandamayi Center, San Ramon
Californië, Verenigde Staten

Uit Amma's Hart

Gesprekken met Sri Mata Amritanandamayi

In het Engels vertaald en geschreven door Swami Amritaswarupananda

*Uitgegeven door:*
Mata Amritanandamayi Center
P.O. Box 613
San Ramon, CA 94583
Verenigde Staten

——————————— *From Amma's Heart (Dutch)* ———————————

*Eerste uitgave door het MA Center:* mei 2016

*In Nederland:*
www.amma.nl
info@amma.nl

*In België:*
www.vriendenvanamma.

*In India:*
www.amritapuri.org
inform@amritapuri.org

*Dit boek wordt aangeboden aan*
*de Lotusvoeten van onze innig geliefde Amma,*
*de bron van alle schoonheid en liefde*

# Inhoud

*Aum Amriteswaryai Namah*

# Voorwoord

Zonder verbale communicatie zou het menselijke bestaan armzalig zijn. Het uitwisselen van ideeën en het delen van emoties zijn een essentieel onderdeel van het leven. Maar het is de stilte die we krijgen door gebed en meditatie, die ons werkelijk helpt innerlijke rust en echt geluk te vinden in deze luidruchtige wereld vol strijdige verschillen en competitie.

In het normale alledaagse leven, waar mensen in ontelbare situaties met elkaar moeten omgaan en communiceren, is het moeilijk stilte in acht te nemen. En zelfs als onze omgeving bevorderlijk is voor stilte, is het niet zo gemakkelijk stil te blijven. Het kan gewone mensen zelfs gek maken. Gelukzalige stilte is echter de ware aard van goddelijke persoonlijkheden als Amma.

Doordat ik Amma met allerlei situaties en mensen over de hele wereld heb zien omgaan, heb ik de bevalligheid en perfectie gezien waarmee Ze van de ene stemming op de andere overgaat. Het ene moment is Amma de hoogste Spirituele Meester en het volgende de meedogende moeder. Soms neemt Ze de stemming van een kind aan, dan weer die van een bestuurder. Nadat Ze aan topmanagers, wetenschappers die onderscheidingen verdiend hebben en wereldleiders advies gegeven heeft, staat Ze gewoon op en loopt naar de darshanzaal waar Ze duizenden van Haar kinderen van alle rangen en standen ontvangt en troost. Over het algemeen besteedt Amma de hele dag, en het grootste deel van de nacht, aan het troosten van Haar kinderen, het luisteren naar hen, het afvegen van hun tranen en het inboezemen van geloof, vertrouwen en kracht. Tijdens dit alles blijft Amma steeds in Haar natuurlijke, serene toestand. Ze wordt nooit moe. Ze klaagt nooit. Haar gezicht schijnt steeds met die stralende glimlach. De buitengewone Amma in een gewone vorm wijdt ieder moment van Haar leven aan anderen.

Wat maakt Amma anders dan wij? Wat is het geheim? Waar komt Haar oneindige energie en kracht vandaan? Amma's aanwezigheid onthult het antwoord op deze vragen heel duidelijk en concreet. Haar woorden bevestigen het nog eens: "De schoonheid van je woorden, de charme in je handelingen, de bekoorlijkheid van je bewegingen hangen allemaal af van de hoeveelheid stilte die je van binnen creëert. Mensen hebben de mogelijkheid om steeds dieper in die stilte te gaan. Hoe dieper je gaat, des te dichter kom je bij het Oneindige."

Die diepe stilte is de kern van Amma's bestaan. De onvoorwaardelijke liefde, het ongelooflijke geduld, de uitzonderlijke bevalligheid en zuiverheid, alles wat Amma belichaamt, is een uitbreiding van de onmetelijke stilte waarin Zij verblijft.

Er is een tijd geweest dat Amma niet sprak zoals Ze nu doet. Toen men Amma hier eens naar vroeg, zei Ze: "Zelfs als Amma zou spreken, zou je niets begrijpen." Waarom? Omdat wij, onwetend als we zijn, geen flauw benul hebben van de hoogste en subtielste ervaring waarin Amma gevestigd is. Waarom spreekt Amma dan? Het is het beste om het in Amma's eigen woorden weer te geven: "Als niemand de zoekers naar de Waarheid leidt, verlaten ze het pad misschien, omdat ze denken dat een toestand van Zelfrealisatie niet bestaat."

In feite zouden Grote Zielen als Amma liever stil blijven dan praten over de realiteit achter deze objectieve wereld van gebeurtenissen. Amma weet heel goed dat de Waarheid onvermijdelijk vervormd wordt, wanneer hij door woorden overgebracht wordt, en dat onze beperkte, onwetende geest hem onjuist zal interpreteren op een manier die ons ego het minste stoort. Maar toch spreekt deze belichaming van compassie tot ons, beantwoordt onze vragen en neemt onze twijfels weg, hoewel Ze heel goed weet dat onze geest alleen steeds meer verwarrende vragen zal creëren. Het komt door Amma's geduld en onbezoedelde liefde voor de mensheid dat Zij onze dwaze vragen blijft beantwoorden. Ze zal niet ophouden totdat onze geest ook gelukzalig stil is geworden. In de gesprekken in dit boek brengt Amma, de Meester onder de Meesters, Haar geest naar beneden naar het niveau van Haar kinderen om ons te helpen een glimp te krijgen van de onveranderlijke realiteit die als basis voor de veranderlijke wereld dient. Ik heb deze parels van wijsheid vanaf 1999 verzameld. Bijna alle gesprekken en prachtige voorvallen hierin werden opgetekend tijdens Amma's tournees in het Westen. Terwijl ik tijdens de darshan naast Amma zat, probeerde ik naar de zoete, goddelijke melodieën van Amma's hart te luisteren die Zij altijd graag met Haar kinderen deelt. Het vastleggen van de zuiverheid, eenvoud en diepgang van Amma's woorden is niet gemakkelijk. Het gaat mijn bekwaamheid beslist te boven. Enkel door Haar oneindige mededogen heb ik deze goddelijke uitingen kunnen optekenen en ze hier kunnen weergeven.

Zoals Amma zelf, hebben ook Haar woorden een diepere dimensie dan wat men op het eerste gezicht ziet, een oneindig aspect dat de gewone menselijke geest niet kan begrijpen. Ik moet mijn eigen onvermogen bekennen om de diepere betekenis van Amma's woorden volledig te begrijpen en te waarderen. Onze geest die in de triviale wereld van de objecten talmt, kan die hoogste toestand van bewustzijn vanwaar Amma spreekt, bij lange na niet begrijpen. Dat gezegd hebbend vind ik duidelijk dat Amma's woorden in dit boek zeer speciaal zijn en enigszins verschillend van Haar woorden in vorige boeken.

Het was mijn oprechte verlangen om Amma's prachtige en informele gesprekken met Haar kinderen te selecteren en te presenteren. Ik had vier jaar nodig om ze te verzamelen.

Binnenin wordt het hele universum gedragen. Deze woorden

komen uit de diepte van Amma's bewustzijn. Dus net beneden hun oppervlakte is die gelukzalige stilte, Amma's echte aard. Lees met veel gevoel. Contempleer en mediteer over dat gevoel en dan zullen de woorden hun innerlijke betekenis onthullen.

Beste lezers, ik weet zeker dat de inhoud van dit boek jullie spirituele zoektocht zal verrijken en versterken door jullie twijfels weg te nemen en jullie geest te zuiveren.

Swami Amritaswarupananda
15 september 2003

## Het doel van het leven

Vraag: Amma, wat is het doel van het leven?

Amma: Dat hangt van je prioriteiten af en van hoe je het leven ziet.

Vraag: Mijn vraag is wat het 'echte' doel van het leven is.

Amma: Het echte doel is te ervaren wat voorbij dit fysieke bestaan ligt.

Iedereen ziet het leven echter anders. De meeste mensen zien het leven als een voortdurende strijd om te overleven. Zulke mensen geloven in de theorie dat 'de sterksten zullen overleven.' Ze zijn tevreden met een normale manier van leven, bijvoorbeeld een huis krijgen, een baan, een auto, een echtgenote of echtgenoot, kinderen en genoeg geld om van te leven. Dit zijn inderdaad belangrijke dingen en het is nodig dat we ons op het leven van alledag richten en onze taken en verplichtingen, groot en klein, vervullen. Maar er is meer in het leven, een hoger doel en dat is te weten en te realiseren wie we zijn.

Vraag: Amma, wat hebben we eraan om te weten wie we zijn?

Amma: Alles. Een gevoel van totale volheid, er is dan absoluut niets anders dat je in het leven nog moet bereiken. Die realisatie maakt het leven perfect.

Ondanks alles wat we vergaard hebben of nog willen verwerven, voelt het leven voor de meeste mensen nog steeds onvolledig, zoals de letter 'C'. Dit gat of gebrek zal er altijd zijn. Alleen spirituele kennis en realisatie van het Zelf (*Atman*) kan dit gat opvullen en de twee uiteinden verbinden, wat het tot de letter 'O' maakt. Alleen de kennis van 'Dat' zal ons helpen ons goed geaard te voelen in het echte centrum van het leven.

Vraag: In dat geval, hoe denkt U over de wereldse plichten die mensen moeten vervullen?

Amma: Wie we ook zijn en wat we ook doen, de taken die we in de wereld verrichten, moeten ons helpen het hoogste dharma te verwezenlijken, wat eenheid met het Universele Zelf is. Alle levende wezens zijn één omdat het leven één is, en het leven heeft slechts één doel. Tengevolge van identificatie met het lichaam en de geest kan men denken: "Het zoeken van het Zelf en het bereiken van Zelfrealisatie is niet mijn dharma. Mijn dharma is als musicus te werken of als acteur of als zakenman." Het is prima als men zo denkt, maar we zullen nooit vervulling vinden tenzij we onze energie richten op het hoogste doel in het leven.

Vraag: Amma, U zegt dat voor iedereen het doel in het leven Zelfrealisatie is, maar zo lijkt het niet omdat de meeste mensen realisatie niet bereiken of er zelfs niet naar lijken te streven.

Amma: Dat komt doordat de meeste mensen geen spiritueel inzicht hebben. Dit staat bekend als *maya,* de misleidende kracht van de wereld die de Waarheid verhult en die de mensheid op een afstand daarvan houdt.

Of we ons ervan bewust zijn of niet, het echte doel van het leven is het realiseren van het goddelijke in ons. Er zijn veel dingen die je misschien niet weet in je huidige mentale toestand. Het is kinderlijk om te zeggen: "Ze bestaan niet, omdat ik me er niet bewust van ben." Wanneer situaties en ervaringen zich ontvouwen, zullen er nieuwe en onbekende fasen in je leven beginnen, wat je steeds dichter bij je eigen Ware Zelf zal brengen. Het is slechts een kwestie van tijd. Voor sommige mensen heeft deze realisatie misschien al plaats gevonden, voor anderen kan het ieder moment gebeuren, en weer anderen zullen het in een later stadium realiseren. Omdat het nog niet gebeurd is en misschien ook niet in dit leven gebeurt, moet je niet denken dat het nooit zal gebeuren.

Binnen in je ligt onmetelijke kennis te wachten op jouw toestemming om zich te ontplooien, maar dat zal niet gebeuren als jij het niet toestaat.

Vraag: Wie moet dat toestaan? De geest?

Amma: Je hele wezen: je geest, lichaam en intellect.

Vraag: Is het een kwestie van begrijpen?

Amma: Het is een kwestie van begrijpen en doen.

Vraag: Hoe ontwikkelen we dat begrip?

15

Amma: Door nederigheid te ontwikkelen.

Vraag: Wat is er zo bijzonder aan nederigheid?

Amma: Nederigheid maakt je ontvankelijk voor alle ervaringen zonder ze te beoordelen. Op die manier leer je meer.

Het is niet alleen een kwestie van intellectueel begrip. Er zijn veel mensen over de hele wereld die meer dan genoeg spirituele informatie in hun hoofd hebben. Maar hoeveel van deze mensen zijn echt spiritueel en streven er oprecht naar het Doel te bereiken of proberen zelfs een dieper inzicht in spirituele principes te krijgen? Erg weinig, is het niet?

Vraag: Wat is dus het echte probleem, Amma? Is het een gebrek aan vertrouwen of de moeilijkheid om uit het hoofd te komen?

Amma: Als je echt vertrouwen hebt, kom je vanzelf beneden in het hart terecht.

Vraag: Is het dus gebrek aan vertrouwen?

Amma: Wat denk je?

Vraag: Ja, het is gebrek aan vertrouwen. Maar waarom noemde U het 'beneden in het hart'?

Amma: Fysiek gezien is het hoofd het bovenste deel van het lichaam. Om van daar naar het hart te gaan, moet je naar beneden gaan, maar spiritueel gezien is het omhooggaan en opstijgen.

# Wees geduldig omdat je een patiënt bent[1]

Vraag: Hoe krijgt men echte hulp van een *Satguru* (Echte Meester)?

Amma: Om hulp te krijgen moet je eerst accepteren dat je een patiënt bent en dan geduldig zijn.

Vraag: Amma, bent U onze dokter?

Amma: Geen enkele goede dokter zal rondlopen en verkondigen: "Ik ben de beste dokter. Kom naar mij toe. Ik zal je genezen." Zelfs als een patiënt de beste dokter heeft, is de behandeling mogelijk niet erg effectief, als de patiënt geen vertrouwen in hem heeft.

Onafhankelijk van tijd en plaats worden alle operaties die in de operatiekamer van het leven plaatsvinden, door God verricht. Je hebt gezien hoe chirurgen een masker dragen terwijl ze een operatie verrichten. Niemand herkent hen op dat moment, maar net achter dat masker is de dokter. Zo ook bevindt zich net onder de oppervlakte van alle ervaringen in het leven het meedogende gezicht van God of de Guru.

Vraag: Amma, bent U hard tegenover Uw leerlingen, wanneer het erop aankomt hun ego te verwijderen?

Amma: Wanneer een dokter een operatie verricht en het kankergezwel uit het lichaam van een patiënt verwijdert, interpreteer

---

[1] In het Engels is dit een woordspeling: "Be patient because you are a patient."

17

je dat dan als hard? Zo ja, dan is Amma ook hard, bij wijze van spreken. Maar alleen als de kinderen meewerken, zal Zij hun ego aanraken.

Vraag: Wat doet U om hen te helpen?

Amma: Amma helpt Haar kinderen het gezwel van het ego te zien, de innerlijke zwakheden en negativiteit, en maakt het hun makkelijker om ervan af te komen. Dat is echt mededogen.

Vraag: Beschouwt U hen als Uw patiënten?

Amma: Het is belangrijker dat *zij* zich realiseren dat zij patiënten zijn.

Vraag: Amma, wat bedoelt U met 'de medewerking van de leerling'?

Amma: Vertrouwen en liefde.

Vraag: Amma, dit is een domme vraag, maar ik moet hem stellen. Vergeef het me alstublieft als ik te dwaas ben.

Amma: Ga je gang en vraag maar.

Vraag: Wat is het percentage succesvolle operaties bij U?

*Amma lachte hard en sloeg zachtjes op de bovenkant van het hoofd van de toegewijde.*

Amma (nog steeds lachend): Mijn zoon, succesvolle operaties zijn zeer zeldzaam.

Vraag: Waarom?

Amma: Omdat het ego de meeste mensen niet toestaat om met

de dokter samen te werken. Het verhindert dat de dokter zijn werk goed doet.

Vragensteller (ondeugend): De dokter bent U, nietwaar?

Amma (in het Engels): Ik weet het niet.

Vraag: Okay, Amma, wat is de fundamentele voorwaarde dat zo'n operatie succes heeft?

Amma: Als een patiënt eenmaal op de operatietafel ligt, is het enige wat hij kan doen, stil zijn, vertrouwen in de dokter hebben en zich overgeven. Tegenwoordig geven de dokters zelfs voor kleine operaties verdoving aan de patiënten. Niemand wil pijn ervaren. Mensen worden liever bewusteloos dan dat ze wakker blijven wanneer ze pijn ervaren. Narcose, of het nu plaatselijk of algemeen is, maakt de patiënt onbewust van de procedure. Maar wanneer een Echte Meester aan je werkt, aan je ego, geeft hij er de voorkeur aan dat te doen terwijl je bij bewustzijn bent. De operatie van de Goddelijke Meester verwijdert het gezwel van het ego van de leerling. Het hele proces verloopt veel gemakkelijker als de leerling open en bewust kan blijven.

19

# De echte betekenis van dharma

Vraag: Dharma wordt door verschillende mensen op verschillende manieren uitgelegd. Het is verwarrend om zoveel interpretaties te hebben van een enkele term als dharma. Amma, wat is de echte betekenis van dharma?

Amma: De echte betekenis van dharma wordt ons pas duidelijk, wanneer we God als onze bron en steun ervaren. Je kunt het niet in woorden of boeken vinden.

Vraag: Dat is het hoogste dharma, nietwaar? Maar hoe kunnen we een betekenis vinden die bij ons dagelijks leven past?

Amma: Dat wordt aan ieder van ons bekendgemaakt, als we de

verschillende ervaringen van het leven ondergaan. Aan sommige mensen wordt dit snel bekendgemaakt. Ze vinden de juiste weg en de juiste manier van handelen in minder dan geen tijd. Voor anderen is het een langzaam proces. Ze moeten misschien een proces van vallen en opstaan meemaken voordat ze een plaats in het leven gevonden hebben vanwaar ze hun dharma in deze wereld kunnen gaan uitvoeren. Dit betekent niet dat alles wat ze in het verleden gedaan hebben, vergeefse moeite is geweest. Nee, dat zal hun ervaring verrijken en ze zullen daaruit ook een aantal lessen leren, mits ze open blijven staan.

Vraag: Kan het leiden van een normaal gezinsleven met alle uitdagingen en problemen van een gezin, verhinderen dat iemand spiritueel ontwaakt?

Amma: Niet als we Zelfrealisatie als het uiteindelijke doel in het leven voor ogen houden. Als dat ons doel is, zullen we al onze gedachten en activiteiten zodanig vormen dat het ons helpt dat doel te bereiken, nietwaar? We zullen ons altijd van onze echte bestemming bewust zijn. Iemand die van de ene plaats naar de andere reist, kan op meerdere plaatsen uitstappen om thee te drinken of te eten, maar hij zal altijd naar het voertuig teruggaan. Zelfs bij zulke kleine onderbrekingen zal hij zich van zijn oorspronkelijke bestemming bewust zijn. Op dezelfde manier kunnen wij in het leven vele malen stoppen en allerlei dingen doen. Maar we moeten niet vergeten om weer in het voertuig te stappen dat ons over de spirituele weg vervoert, en te blijven zitten met onze veiligheidsriemen stevig vast.

Vraag: 'Veiligheidsriemen stevig vast'?

Amma: Ja, wanneer je vliegt kunnen luchtzakken turbulentie veroorzaken en kan het vliegtuig soms erg op en neer gaan. Ook als je over land reist, kunnen er ongelukken gebeuren. Het is dus altijd het beste om het zekere voor het onzekere te nemen en bepaalde veiligheidsmaatregelen te nemen. Zo ook kunnen op de spirituele reis situaties die mentale en emotionele beroering veroorzaken, niet uitgesloten worden. Om ons tegen zulke omstandigheden te beschermen moeten we naar de *Satguru* (Echte Meester) luisteren en in het leven discipline en bepaalde geboden en verboden in acht nemen. Dat zijn de veiligheidsriemen voor de spirituele reis.

Vraag: Dus wat voor werk we ook doen, het moet ons niet afleiden van ons fundamentele dharma, dat Godrealisatie is. Amma, is dit wat U suggereert?

Amma: Ja. Voor degenen onder jullie die een leven van contemplatie en meditatie willen leiden, moet dit vuur van verlangen van binnen fel blijven branden.

De betekenis van dharma is 'dat wat ondersteunt,' dat wat het leven en bestaan ondersteunt in de *Atman* (het Zelf). Dus hoewel dharma gewoonlijk gebruikt wordt in de betekenis van 'iemands plicht' of de weg die iemand in de wereld moet volgen, verwijst het uiteindelijk naar Zelfrealisatie. In deze betekenis kunnen alleen gedachten en activiteiten die onze spirituele ontwikkeling steunen, dharma genoemd worden.

Handelingen die op de juiste tijd, met de juiste houding en op de juiste manier worden verricht, zijn in overeenstemming met dharma. Dit besef van juiste handeling kan helpen bij het proces van mentale zuivering. Je kunt zakenman zijn of chauffeur, slager of politicus, wat je werk ook is, als je je werk als dharma uitvoert, als een middel naar *moksha* (bevrijding), dan worden je handelingen heilig. Zo kwamen de *gopi's* (vrouwen van de koeienherders) in Vrindavan, die de kost verdienden door melk en boter te verkopen, heel dicht bij God en bereikten uiteindelijk het doel van het leven.

# Liefde en liefde

Vraag: Amma, wat is het verschil tussen liefde en Liefde?

Amma: Het verschil tussen liefde en Liefde is het verschil tussen mensen en God. Liefde is Gods wezen, en liefde is het wezen van de mensen.

Vraag: Maar Liefde is ook de echte aard van mensen, nietwaar?

Amma: Ja, als men die waarheid realiseert.

## Bewustzijn en gewaarzijn

Vraag: Amma, wat is God?

Amma: God is zuiver bewustzijn, God is zuiver gewaarzijn.

Vraag: Zijn bewustzijn en gewaarzijn hetzelfde?

Amma: Ja, ze zijn hetzelfde. Hoe meer je gewaar bent, hoe bewuster je bent, en omgekeerd.

Vraag: Amma, wat is het verschil tussen materie en bewustzijn?

Amma: Het een is de buitenkant en het ander is de binnenkant. Het uitwendige is materie en het inwendige is bewustzijn. De buitenkant verandert en de binnenkant, de in ons wonende *Atman* (het Zelf) is onveranderlijk. Het is de aanwezigheid van de Atman die alles verlevendigt en verlicht. De Atman is zelf lichtgevend, terwijl materie dat niet is. Zonder bewustzijn blijft materie onbekend. Als je echter alle verschillen transcendeert, zie je dat alles doordrongen is van zuiver bewustzijn.

Vraag: 'Voorbij alle verschillen,' 'alles is doordrongen van zuiver bewustzijn.' Amma, U gebruikt altijd prachtige voorbeelden. Kunt U zo'n voorbeeld geven om dit punt aanschouwelijker te maken?

Amma (glimlachend): Duizenden van zulke prachtige voorbeelden doen de geest niet ophouden dezelfde vragen te herhalen. Alleen zuivere ervaring zal alle twijfels oplossen. Maar als het intellect wat meer voldoening krijgt door een voorbeeld, is Amma daar niet tegen.

Het is alsof je in een bos bent. Wanneer je in een bos bent, zie je alle verschillende soorten bomen, planten en kruipende planten in al hun verscheidenheid. Maar wanneer je het bos uitgaat en het steeds verder achter je laat, zie je, wanneer je omkijkt, geleidelijk alle verschillende bomen en planten verdwijnen, totdat je uiteindelijk alles als één bos ziet. Net zo zullen de beperkingen van de geest in de vorm van onbelangrijke verlangens en alle verschillen gecreëerd door het gevoel van 'ik' en 'jij' verdwijnen, wanneer je de geest transcendeert. Dan zul je alles beginnen te ervaren als het enige en echte Zelf.

# Bewustzijn is er altijd

Vraag: Als bewustzijn altijd aanwezig is, is er dan een overtuigend bewijs van het bestaan ervan?

Amma: Je eigen bestaan is het meest overtuigende bewijs dat bewustzijn bestaat. Kun je je eigen bestaan ontkennen? Nee, omdat zelfs je ontkenning een bewijs is dat je bestaat, nietwaar? Stel dat iemand vraagt: "Hé, ben je daar?" Je antwoordt: "Nee, ik ben er niet." Zelfs het ontkennende antwoord is een duidelijk bewijs dat je er wel degelijk bent. Je hoeft het niet te bevestigen. Verwerp het gewoon en het is bewezen. Dus de *Atman* (het Zelf) kan niet eens betwijfeld worden.

Vraag: Als dat zo is, waarom is die ervaring dan zo moeilijk te krijgen?

Amma: 'Dat wat is' kan alleen ervaren worden wanneer we ons ervan bewust zijn. Anders blijft het onbekend voor ons, hoewel het bestaat. De waarheid van wat er is, was tot nu toe voor ons verborgen. De wet van de zwaartekracht bestond, voordat hij werd ontdekt. Het was altijd al zo dat een steen die omhoog gegooid werd, weer naar beneden moest vallen. Op dezelfde manier is bewustzijn altijd in ons aanwezig, nu, op dit moment, maar we zijn ons daarvan misschien niet bewust. In feite is alleen het huidige moment echt, maar om dit te ervaren hebben we een nieuwe visie, een nieuw oog en zelfs een nieuw lichaam nodig.

Vraag: 'Een nieuw lichaam'? Wat bedoelt U daarmee?

Amma: Het betekent niet dat het lichaam dat je hebt, zal verdwijnen. Het zal er hetzelfde uitzien, maar het zal een subtiele verandering, een transformatie, ondergaan. Omdat het alleen dan het zich alsmaar verruimende bewustzijn kan bevatten.

Vraag: Wat bedoelt U met het 'zich verruimende bewustzijn'? De *Upanishaden* verklaren dat het Absolute *purnam* (altijd volledig) is. De Upanishaden zeggen: '*purnamada purnamidam*' (Dit is het geheel, dat is het geheel), dus ik begrijp niet hoe het reeds perfecte bewustzijn kan groeien.

Amma: Dat is helemaal juist. Maar op het individuele of fysieke niveau ondergaat de spirituele aspirant een bewustzijnsverruimende ervaring. De totale *shakti* (goddelijke energie) is natuurlijk onveranderlijk. Hoewel er vanuit het standpunt van de *vedanta* (de hindoefilosofie van non-dualiteit) geen spirituele reis is, is er voor het individu wat je zou kunnen noemen een reis naar de toestand van perfectie. Als je het Doel bereikt hebt, zul je je ook realiseren dat het hele proces, inclusief de reis, denkbeeldig was, omdat je daar altijd geweest bent, in die toestand, je was er nooit van gescheiden. Totdat die uiteindelijke realisatie plaatsvindt, is er een expansie van gewaarzijn en bewustzijn, afhankelijk van de vooruitgang van de *sadhak* (spirituele aspirant).

Wat gebeurt er bijvoorbeeld wanneer je water uit een put haalt? De put wordt meteen aangevuld met water uit de bron eronder. De bron zal de put blijven vullen. Hoe meer water je eruit haalt, des te meer water er uit de bron komt. Dus je kunt zeggen dat het water in de put blijft toenemen. De bron is een onuitputtelijke bron. De put is vol en hij blijft vol omdat hij eeuwig met de bron verbonden is. De put wordt steeds volmaakter. Hij blijft toenemen.

Vragensteller (na een peinzende stilte): Het is erg levendig, maar het klinkt toch ingewikkeld.

Amma: Ja, de geest zal het niet begrijpen. Amma weet dat. Het makkelijkste is het moeilijkste. Het eenvoudigste blijft het meest ingewikkeld. En het dichtstbijzijnde lijkt het verste weg. Het zal een puzzel blijven totdat je het Zelf realiseert. Daarom beschreven de *rishi's* (oude zieners) de Atman als 'verder dan het verste en dichterbij dan het dichtstbijzijnde.'

Kinderen, het menselijke lichaam is een erg beperkt instrument. Het kan het oneindige bewustzijn niet bevatten. Maar als we net als de put met de eeuwige bron van shakti verbonden zijn, zal ons bewustzijn in ons blijven groeien. Als de toestand van hoogste *samadhi* (natuurlijke rusttoestand) eenmaal bereikt is, zal de verbinding tussen het lichaam en de geest, tussen God en de wereld, in perfecte harmonie gaan functioneren. Dus er is geen groei, niets. Je blijft één met de oneindige oceaan van bewustzijn.

# Geen aanspraken

Vraag: Amma, maakt U ergens aanspraak op?

Amma: Aanspraak waarop?

Vraag: Dat U een incarnatie van de Goddelijke Moeder bent of een volledig gerealiseerde Meester, enzovoorts.

Amma: Blijft de president of eerste minister van een land verkondigen: "Weet je wie ik ben? Ik ben de president/ eerste minister," waar hij ook heen gaat? Nee. Ze zijn wat ze zijn. Zelfs als je er aanspraak op maakt dat je een *Avatar* (God afgedaald in een menselijke vorm) of gerealiseerd bent, impliceert dat ego. Als iemand beweert dat hij een Incarnatie of een Volmaakte Ziel is, is dat op zichzelf een bewijs dat hij het niet is.

Perfecte Meesters maken niet zulke aanspraken. Ze geven de wereld altijd een voorbeeld door nederig te zijn. Vergeet niet dat Zelfrealisatie je niet bijzonder maakt. Het maakt je nederig.

Om te beweren dat je iets bent, hoef je niet gerealiseerd te zijn en heb je ook geen speciale bekwaamheid nodig. Het enige wat je nodig hebt is een groot ego, valse trots. Dat heeft een Perfecte Meester niet.

## Het belang van een Guru
## op het spirituele pad

Vraag: Waarom wordt er op het spirituele pad zoveel waarde aan een Guru gehecht?

Amma: Kom op, vertel Amma eens of er een weg of werk is dat je kunt leren zonder de hulp van een leraar of begeleider. Als je wilt leren autorijden, moet een ervaren chauffeur je dat leren. Je moet een kind leren hoe hij zijn veters vast moet knopen. En hoe kun je wiskunde leren zonder leraar? Zelfs een zakkenroller heeft een leraar nodig om hem de kunst van het stelen te leren.

Als leraren onmisbaar zijn in het gewone leven, zou een leraar dan niet nog meer nodig zijn op het spirituele pad, dat uiterst subtiel is?

Als je naar een afgelegen plaats gaat, wil je misschien een landkaart kopen. Maar hoe goed je de kaart ook bestudeert, als je naar een volkomen vreemd land gaat, naar een onbekende plaats, zul je niets over die plaats weten totdat je daar aankomt. De kaart zal je ook niet veel vertellen over de reis zelf, over de hellingen op de weg en de mogelijke gevaren onderweg. Daarom is het beter om advies te krijgen van iemand die de reis voltooid heeft, iemand die de weg uit eigen ervaring kent.

Wat weet je over het spirituele pad? Het is een volkomen onbekende weg en wereld. Misschien heb je wat informatie van mensen of uit boeken verzameld, maar wanneer het erop aankomt het te doen, het te ervaren, is de leiding van een *Satguru* (Echte Meester) absoluut noodzakelijk.

# Amma's helende aanraking

Op een dag bracht een coördinator van Amma's Europese tournees een jonge vrouw naar Amma. De vrouw huilde ontzettend. "Ze heeft een zeer triest verhaal te vertellen," zei hij me. Met tranen die over haar wangen biggelden, vertelde de vrouw Amma dat haar vader thuis was weggegaan, toen ze pas vijf jaar was. Als klein meisje vroeg ze haar moeder dikwijls waar hij woonde, maar de moeder had nooit iets goeds over haar vader te vertellen, omdat hun relatie erg slecht geweest was. Naarmate de jaren verstreken, nam de nieuwsgierigheid van de jonge vrouw naar haar vader geleidelijk af.

Twee jaar geleden, twintig jaar na de verdwijning van haar vader, stierf de moeder van de jonge vrouw. Toen ze de bezittingen van haar moeder doorzocht, vond ze tot haar verbazing het adres van haar vader in een van de oude dagboeken van haar moeder. Ze slaagde er spoedig in om zijn telefoonnummer te achterhalen. Ze kon haar opwinding niet bedwingen en belde hem onmiddellijk op. De vreugde van de vader en dochter kende geen grenzen. Na een lang telefoongesprek besloten ze elkaar te ontmoeten. Hij stemde ermee in naar het dorp te rijden waar zij woonde en ze maakten een afspraak voor een bepaalde dag. Maar het noodlot was uiterst wreed, volkomen meedogenloos. Toen de vader op weg was naar zijn dochter, eiste een ongeluk zijn leven.

Het hart van de jonge vrouw brak. De autoriteiten van het ziekenhuis riepen haar op om haar vader te identificeren en zijn lichaam werd aan haar zorg overgelaten. Stel je de complete verslagenheid van de jonge vrouw voor. Ze had met intense verwachting uitgekeken naar de ontmoeting met haar vader die ze twintig jaar niet gezien had en alles wat ze uiteindelijk te zien kreeg was zijn dode lichaam. Om de zaak nog erger te maken vertelden de doktoren haar dat het ongeluk gebeurd was omdat haar vader onder het rijden een hartaanval had gekregen. Dit kwam misschien door de opwinding over het idee dat hij zijn dochter na zoveel jaar zou zien.

Toen Amma die morgen de jonge vrouw ontving, was ik getuige van een van de mooiste en meest ontroerende darshans die ik ooit gezien heb. Toen de vrouw tranen met tuiten huilde, veegde Amma Haar eigen tranen af die over Haar gezicht liepen. Terwijl Amma de vrouw teder omhelsde, hield Zij haar hoofd in Haar schoot, veegde haar tranen af, liefkoosde en kuste haar en zei vol liefde tegen haar: "Mijn dochter, mijn kind, huil niet." Amma kalmeerde en troostte de vrouw. Er was bijna geen verbale communicatie tussen hen. Door dit schouwspel zo open mogelijk gade te slaan, leerde ik een belangrijke les over het helen van een gewond hart en hoe dat in Amma's aanwezigheid gebeurt. Er was een duidelijke verandering in de vrouw toen ze vertrok. Ze leek erg opgelucht en ontspannen. Toen ze op het punt stond weg te lopen, wendde ze zich tot mij en zei: "Nu ik Amma ontmoet heb, voel ik me zo licht als een bloem."

Amma gebruikt heel weinig woorden bij zulke intense gelegenheden, vooral wanneer het het delen van de pijn en het verdriet van anderen betreft. Alleen stilte gepaard met diep gevoel kan de pijn van anderen reflecteren. Wanneer zulke situaties zich voordoen, spreekt Amma door Haar ogen, deelt de pijn van Haar kind en drukt Haar diepe liefde, bezorgdheid, deelname en zorg uit.

Zoals Amma zegt: "Het ego kan niemand helen. Hoogdravende filosofie met mooi taalgebruik verwart de mensen alleen. Aan de andere kant zal een blik of een aanraking van een egoloos persoon gemakkelijk de wolken van pijn en wanhoop uit iemands geest verdrijven. Dat leidt tot echte genezing."

# De pijn van de dood

Vraag: Amma, waarom is er zoveel pijn en angst verbonden met de dood?

Amma: Te veel gehechtheid aan het lichaam en de wereld creëert pijn en angst voor de dood. Bijna iedereen gelooft dat de dood volledige vernietiging is. Niemand wil de wereld verlaten en in vergetelheid verdwijnen. Wanneer we die gehechtheid hebben, kan het proces van het loslaten van het lichaam en de wereld pijnlijk zijn.

Vraag: Zal de dood pijnloos zijn als we die gehechtheid te boven komen?

Amma: Als men de gehechtheid aan het lichaam transcendeert, zal de dood niet alleen pijnloos zijn, het zal een gelukzalige ervaring worden. Je kunt getuige blijven van de dood van het lichaam. Een onthechte houding maakt de dood tot een geheel andere ervaring.

De meerderheid van de mensen sterft vreselijk teleurgesteld en gefrustreerd. Wegkwijnend in diep verdriet brengen ze hun laatste dagen in angst, pijn en uiterste wanhoop door. Waarom? Omdat ze nooit geleerd hebben los te laten en zich te bevrijden van hun zinloze dromen, verlangens en gehechtheid. De oude dag, vooral de laatste dagen van zulke mensen, is erger dan de hel. Daarom is wijsheid belangrijk.

Vraag: Zal wijsheid dagen wanneer je ouder wordt?

Amma: Dat gelooft men over het algemeen. Wanneer men alles

gezien en ervaren heeft terwijl men door de verschillende fasen van het leven gaat, zou de wijsheid moeten dagen. Het is echter niet zo gemakkelijk om dat niveau van wijsheid te bereiken, vooral in de huidige wereld waar de mensen zo egoïstisch zijn.

Vraag: Wat is de fundamentele eigenschap die men moet ontwikkelen om dat soort wijsheid te verkrijgen?

Amma: Een contemplatief en meditatief leven. Dit maakt het ons mogelijk om dieper op de verschillende ervaringen van het leven in te gaan.

Vraag: Amma, de meerderheid van de mensen in de wereld is niet contemplatief of meditatief van aard. Is dit dan haalbaar voor hen?

Amma: Het hangt ervan af hoeveel belang je eraan hecht. Vergeet niet dat er een tijd was dat contemplatie en meditatie een essentieel onderdeel van het leven waren. Daarom kon er toen zoveel tot stand gebracht worden, ook al waren wetenschap en techniek niet zover ontwikkeld als nu. De bevindingen uit die tijd blijven de basis voor wat we in de moderne tijd doen.

In de wereld van vandaag wordt wat het belangrijkste is, vaak niet geaccepteerd en als 'onpraktisch' bestempeld. Dit is een van de kenmerken van Kaliyuga, het tijdperk van materialistische duisternis. Het is gemakkelijk iemand die slaapt wakker te maken, maar moeilijk iemand wakker te maken die doet alsof hij slaapt. Heeft het zin een spiegel voor te houden aan een blinde? In deze tijd geven de mensen er de voorkeur aan hun ogen voor de Waarheid gesloten te houden.

Vraag: Amma, wat is echte wijsheid?

Amma: Dat wat het leven eenvoudig en mooi maakt, is echte wijsheid. Het is het juiste begrip dat men verkrijgt door juist onderscheid te maken. Wanneer men deze eigenschap echt in zich opgenomen heeft, zal dat in de gedachten en handelingen weerspiegeld worden.

# De mensheid op dit ogenblik

Vraag: Wat is de spirituele toestand van de mensheid op dit moment?

Amma: Over het algemeen is er een geweldig spiritueel ontwaken over de hele wereld. De mensen worden zich beslist meer bewust van de noodzaak van een spirituele manier van leven. Hoewel men new-agefilosofie, yoga en meditatie niet direct met spiritualiteit verbindt, winnen zij in de Westerse landen aan populariteit, meer dan ooit tevoren. Yoga en meditatie zijn in veel landen populair geworden, vooral in de hogere lagen van de samenleving. Het fundamentele idee van leven in harmonie met de natuur en spirituele principes wordt zelfs door atheïsten geaccepteerd. Een sterk innerlijk verlangen en het gevoel dat het dringend nodig is te veranderen kunnen we overal vinden. Dit is ongetwijfeld een positief teken.

Aan de andere kant nemen de invloed van materialisme en materialistische genoegens ook ongebreideld toe. Als de zaken op deze manier doorgaan, zal dat ernstige onevenwichtigheid veroorzaken. Wanneer het materiële genoegens betreft, maken mensen slecht onderscheid en is hun benadering vaak dom en destructief.

Vraag: Is er iets nieuws of speciaals aan deze tijd?

Amma: Ieder moment is bijzonder, zou je kunnen zeggen. Niettemin is deze tijd bijzonder omdat we bijna een hoogtepunt in het menselijk bestaan bereikt hebben.

Vraag: Echt waar? Wat is dat hoogtepunt?

Amma: Het hoogtepunt van het ego, duisternis en zelfzucht.

Vraag: Amma, wilt U daarover alstublieft iets meer vertellen?

Amma: Volgens de *rishi's* (oude zieners) zijn er vier tijdperken: Satyayuga, Tretayuga, Dwaparayuga en Kaliyuga. Op het ogenblik zijn we in Kaliyuga, het donkere tijdperk van materialisme. Satyayuga komt eerst, een tijd waarin alleen waarheid en eerlijkheid bestaan. Nadat de mensheid de andere twee yuga's, Tretayuga en Dwaparayuga, doorlopen heeft, heeft hij nu de laatste, Kaliyuga, bereikt die weer in een volgende Satyayuga zal culmineren. Maar toen we aan Treta en Dwaparayuga begonnen, die meemaakten en weer achter ons lieten, hebben we veel mooie waarden verloren zoals waarheid, mededogen, liefde, enzovoorts. Het tijdperk van waarheid en eerlijkheid was een hoogtepunt. De Treta en Dwaparayuga waren het midden, waarin we nog een beetje dharma (rechtschapenheid) en satya (waarheid) handhaafden. Nu hebben we een ander hoogtepunt bereikt, het hoogtepunt van *adharma* (slechtheid) en *asatya* (onwaarheid). Alleen lessen in nederigheid zullen de mensheid helpen zich de duisternis te realiseren die hen op het ogenblik omringt. Dit zal ons helpen omhoog te klimmen naar de top van licht en waarheid. Laten we hopen en bidden dat mensen van alle religies en alle culturen over de hele wereld deze les leren, wat de noodzaak van deze tijd is.

# Een korte weg naar Zelfrealisatie

Vraag: In de wereld van vandaag zoeken de mensen de kortste weg naar alle profijt. Is er een korte weg naar Zelfrealisatie?

Amma: Dat is als vragen: "Is er een kortere weg naar mijzelf?" Zelfrealisatie is de weg naar je eigen Zelf. Het is dus even simpel als een lichtknop aandoen. Je moet echter weten op welke knop je moet drukken en hoe, omdat deze knop in jezelf verborgen is. Je kunt hem niet ergens buiten jezelf vinden. Daar heb je de hulp van een Goddelijke Meester nodig.

De deur is altijd open. Je moet alleen naar binnen lopen.

# Spiritueel vooruitgaan

Vraag: Amma, ik mediteer nu al vele jaren, maar ik denk niet dat ik echt vooruitga. Doe ik iets verkeerd? Denkt U dat ik de juiste spirituele oefeningen doe?

Amma: Op de eerste plaats wil Amma weten waarom je denkt dat je niet vooruitgaat. Wat is je criterium voor spirituele vooruitgang?

Vraag: Ik heb nooit visioenen gehad.

Amma: Wat voor visioenen verwacht je?

Vraag: Ik heb nooit goddelijk blauw licht gezien.

Amma: Hoe ben je aan het idee van blauw licht gekomen?

Vraag: Een vriend heeft me dat verteld. Ik heb het ook in boeken gelezen.

Amma: Mijn zoon, je moet geen overbodige ideeën over je *sadhana* (spirituele oefeningen) en spirituele groei hebben. Dat is wat er verkeerd is. Jouw ideeën over spiritualiteit zelf kunnen een struikelblok op je pad worden. Je doet de juiste sadhana, maar je houding is verkeerd. Je wacht totdat het blauwe goddelijke licht voor je verschijnt. Het vreemde is dat je absoluut geen idee hebt wat goddelijk licht is, maar toch denk je dat het blauw is. Wie weet is het reeds verschenen, maar je wachtte op een speciaal goddelijk blauw licht. Wat als God besloot om als rood of groen licht te verschijnen? Dan heb je het misschien gemist.

Er was een zoon die Amma eens vertelde dat hij op een groen licht in zijn meditatie wachtte. Amma zei hem dus dat hij voorzichtig moest zijn tijdens het rijden, omdat hij door rode verkeerslichten zou kunnen rijden omdat hij dacht dat ze groen waren. Zulke opvattingen over spiritualiteit zijn werkelijk gevaarlijk.

Zoon, het ervaren van innerlijke rust onder alle omstandigheden is het doel van alle spirituele oefeningen. Al het andere, of het nu licht, geluid of vorm is, komt en gaat. Zelfs als je visioenen hebt, zijn die tijdelijk. De enige blijvende ervaring is volledige rust. Die rust en de ervaring van gelijkmoedigheid is de echte vrucht van een spiritueel leven.

Vraag: Amma, is het verkeerd om naar zulke ervaringen te verlangen?

Amma: Amma zou niet willen zeggen dat het verkeerd is. Niettemin moet je er niet te veel belang aan hechten, omdat dat je spirituele groei echt kan vertragen. Als zij voorkomen, laat het dan zo zijn. Dat is de juiste houding.

In de beginstadia van het spirituele leven heeft een zoeker veel verkeerde opvattingen en onjuiste ideeën over spiritualiteit door te grote opwinding en weinig bewustzijn. Sommige mensen zijn bijvoorbeeld gek op visioenen van goden en godinnen. Het verlangen naar het zien van allerlei kleuren is ook zo'n verlangen. Mooie geluiden zijn voor veel mensen aantrekkelijk. Hoeveel mensen verspillen hun hele leven met het streven naar *siddhi's* (buitengewone vermogens)! Er zijn ook mensen die naar onmiddellijke *samadhi* (natuurlijke rusttoestand) en *moksha* (bevrijding) verlangen. Mensen hebben zo veel verhalen gehoord over *kundalini* (inactieve spirituele energie aan de basis van de rug) die ontwaakt. Een echte spirituele zoeker zal nooit door zulke ideeën geobsedeerd worden. Deze opvattingen kunnen onze spirituele vooruitgang aanzienlijk vertragen. Daarom is het belangrijk om vanaf het eerste begin een helder begrip te hebben en een gezonde, intelligente benadering van het spirituele leven. Zonder onderscheid luisteren naar iedereen die beweert dat hij een Meester is en het lukraak lezen van boeken vergroot de verwarring.

## De geest van een gerealiseerde ziel

**V**raag Wat is de geest van een gerealiseerde ziel?

Amma: Het is een geest zonder geest.

Vraag: Is het geen geest?

Amma: Het is uitgestrektheid.

Vraag: Maar ook zij gaan met de wereld om. Hoe is dit mogelijk zonder geest?

Amma: Natuurlijk 'gebruiken' zij hun geest om met de wereld om te gaan. Er is echter een groot verschil tussen de gewone menselijke geest, die vol allerlei gedachten zit, en de geest van een

43

Mahatma. Mahatma's gebruiken hun geest, terwijl wij door onze geest gebruikt worden. Zij zijn niet berekenend maar spontaan. Spontaniteit is de aard van het hart. Iemand die te veel geïdentificeerd is met de geest, kan niet spontaan zijn.

Vraag: De meerderheid van de mensen die in de wereld leven, is geïdentificeerd met hun geest. Bedoelt U dat zij allemaal manipulerend van aard zijn?

Amma: Nee, er zijn volop gelegenheden waarbij mensen zich identificeren met het hart en zijn positieve gevoelens. Wanneer mensen vriendelijk en meedogend zijn en rekening met anderen houden, verblijven zij meer in hun hart dan in hun geest. Maar kunnen zij zich altijd zo gedragen? Nee, dus zijn de mensen vaker geïdentificeerd met de geest. Dat is wat Amma bedoelde.

Vraag: Als de mogelijkheid om volkomen afgestemd te blijven op de positieve gevoelens van het hart in iedereen sluimert, waarom gebeurt het dan niet vaker?

Amma: Omdat in je huidige toestand de geest krachtiger is. Om afgestemd te blijven op de positieve gevoelens van het hart moet je de verbinding met de stilte van je spirituele hart versterken en de verbinding met de verstoringen van je luidruchtige geest verzwakken.

Vraag: Wat stelt iemand in staat spontaan en open te zijn?

Amma: Minder inmenging van het ego.

Vraag: Wat gebeurt er wanneer er minder inmenging van het ego is?

Amma: Je zult overweldigd worden door een intens verlangen

vanuit je diepste wezen. Hoewel je het voorbereidende werk hiervoor gedaan hebt, is er geen sprake van berekening of inspanning wanneer het echt plaatsvindt. Die handeling, of wat het ook mag zijn, wordt mooi en vervullend. Anderen zullen ook erg aangetrokken worden tot wat je dan gedaan hebt. Op zulke momenten komt vooral je hart tot uitdrukking. Op dat ogenblik ben je dichter bij je echte wezen.

In werkelijkheid komen zulke momenten uit het transcendente, voorbij de geest en het intellect. Er vindt een plotselinge afstemming op de Oneindigheid plaats en je boort de bron van universele energie aan.

Volmaakte Meesters verblijven altijd in deze spontane toestand en zij creëren deze situatie ook voor anderen.

# Afstand tussen Amma en ons

Vraag Amma, wat is de afstand tussen U en ons?

Amma: Niets en oneindig.

Vraag: Niets en oneindig?

Amma: Ja, er is absoluut geen afstand tussen jou en Amma, maar tegelijkertijd is de afstand ook oneindig.

Vraag: Dat klinkt tegenstrijdig.

Amma: De beperkingen van de geest doen het tegenstrijdig klinken. Zo zal het blijven totdat je de definitieve toestand van realisatie bereikt hebt. Geen enkele verklaring, hoe intelligent of logisch hij ook mag klinken, zal die tegenstrijdigheid verwijderen.

Vraag: Ik begrijp de beperkingen van mijn geest, maar toch begrijp ik niet waarom het zo paradoxaal en dubbelzinnig moet zijn. Hoe kan het tegelijkertijd niets en oneindig zijn?

Amma: Allereerst, dochter, heb je de beperkingen van je geest niet begrepen. De kleinheid van je geest werkelijk begrijpen is de grootheid van God, het goddelijke, werkelijk begrijpen. De geest is een grote last. Als je dit echt begint te begrijpen, zul je de zinloosheid beseffen van het dragen van deze enorme last die geest genoemd wordt. Je kunt hem niet langer dragen. Die realisatie helpt je de last los te laten.

Dochter, zolang je onwetend blijft over de innerlijke

goddelijkheid, is de afstand oneindig. Maar op het moment dat verlichting daagt, realiseer je je ook dat er nooit enige afstand geweest is.

Vraag: Het is onmogelijk voor het intellect om het hele proces te begrijpen.

Amma: Dochter, dat is een goed teken. Je bent het er in ieder geval mee eens dat het voor het intellect niet mogelijk is het zogenaamde proces te begrijpen.

Vraag: Betekent dat dat zo'n proces niet bestaat?

Amma: Precies. Er is bijvoorbeeld een man die blind geboren is. Heeft hij enige kennis over licht? Nee, de arme man is alleen vertrouwd met duisternis, een totaal andere wereld dan die van degenen die met gezichtsvermogen gezegend zijn.

De dokter zegt hem: "Kijk, je gezichtsvermogen kan hersteld worden als je een operatie ondergaat. Er is een bepaalde correctie nodig."

Als de man kiest voor de operatie zoals de dokter instrueerde, zal de duisternis spoedig verdwijnen en het licht verschijnen, nietwaar? Nu, waar komt het licht vandaan, van buiten? Nee, de ziener heeft al die tijd in de man gewacht. Zo ook zal het reeds wachtende licht van zuivere kennis in je dagen, wanneer je je innerlijke visie door spirituele oefeningen corrigeert.

# Amma's manier van doen

A mma's manier van doen is uniek. De lessen komen onverwacht en zij hebben altijd een uitzonderlijke eigenheid. Tijdens de ochtenddarshan bracht een deelneemster aan de retraite een vrouw mee die niet deelnam aan de retraite. Ik merkte de nieuwkomer op en informeerde Amma, maar Amma negeerde me volledig en ging door met darshan geven.

Ik dacht: "Dat is prima. Amma heeft het druk, maar ik zal de indringer in de gaten houden." Dus de volgende minuten koos ik, hoewel mijn belangrijkste *seva* (onbaatzuchtige dienstverlening) het vertalen van de vragen van de toegewijden aan Amma was, als tweede seva de nauwkeurige observatie van ieder beweging van de vrouw die zich niet ingeschreven had. Ze bleef dicht bij de toegewijde die haar meegenomen had, en mijn ogen volgden nauwlettend waar zij heen gingen. Tegelijkertijd gaf ik Amma een direct verslag van hun doen en laten. Hoewel Amma niet naar me luisterde, beschouwde ik dit toch als mijn plicht.

Zodra ze allebei in de 'speciale' rij gingen staan, bracht ik dat enthousiast onder Amma's aandacht, maar Amma ging door met darshan geven aan de toegewijden.

Ondertussen sloten enkele toegewijden zich bij mij aan. Een van hen wees naar de binnendringer en zei: "Zie je die vrouw? Het is een raar mens. Ik hoorde haar praten. Ze is heel negatief. Ik denk niet dat het verstandig is haar in de zaal te laten blijven."

De andere toegewijde informeerde serieus: "Vraag Amma wat we met haar aanmoeten. Haar eruit gooien?"

Na veel inspanning slaagde ik erin Amma's aandacht te krijgen. Ze keek eindelijk op en vroeg: "Waar is ze?"

Wij waren alledrie zeer blij. We dachten, of ik dacht in ieder geval, dat Amma spoedig die drie hoogst aangename woorden zou spreken, waar we vol ongeduld op wachtten: "Gooi haar eruit."

Toen wij Amma hoorde vragen: "Waar is ze?" wezen wij alledrie naar de plaats waar de vrouw die zich niet had opgegeven, zat. Amma keek naar haar. Nu wachtten we vol spanning op de definitieve uitspraak. Amma wendde zich naar ons en zei: "Roep haar." We struikelden bijna over elkaar om de vrouw op te roepen.

Zodra de vrouw bij de darshanstoel was, strekte Amma Haar armen uit en zei met een welwillende glimlach op Haar gezicht: "Kom, mijn dochter." De vreemdeling viel spontaan in Amma's armen. Terwijl wij toekeken, had de vrouw een ongelooflijk mooie darshan. Amma legde de vrouw teder op Haar schouder en aaide zachtjes haar rug. Toen keek Amma diep in haar ogen, terwijl Ze het gezicht van de vrouw in Haar handen hield die tot een kom gevormd waren. Tranen rolden over de wangen van de vrouw en Amma veegde ze vol mededogen met Haar handen af.

Mijn twee 'collega's' en ik, die onze tranen niet konden bedwingen, stonden volledig vertederd achter de darshanstoel.

Zodra de vrouw wegging, keek Amma naar mij en zei met een glimlach op Haar gezicht: "Je hebt vanochtend zoveel energie verspild."

Vol ontzag keek ik naar de kleine gestalte van Amma, die doorging gelukzaligheid en zegeningen over Haar kinderen uit te storten. Hoewel ik met mijn mond vol tanden stond, herinnerde ik me op dat moment een prachtige uitspraak van Amma: "Amma is als een rivier. Ze stroomt eenvoudig. Sommige mensen nemen een bad in de rivier. Anderen lessen hun dorst door zijn water te drinken. Er zijn mensen die komen zwemmen en van zijn water genieten. Ook zijn er mensen die erin spugen. Wat er ook gebeurt, de rivier accepteert alles en stroomt onaangedaan en omhelst allen die in zijn bereik komen."

Zo had ik weer een verbazend moment in aanwezigheid van Amma, de Hoogste Meester.

# Geen nieuwe waarheid

Vraag Amma, denkt U dat de mensheid een nieuwe waarheid nodig heeft om wakker te worden?

Amma: De mensheid heeft geen nieuwe waarheid nodig. Wat nodig is, is dat we de reeds bestaande Waarheid zien. Er is slechts één Waarheid. Die Waarheid schijnt altijd in ieder van ons. Die ene echte Waarheid kan nooit nieuw zijn, en hij kan ook niet oud zijn. Hij is altijd hetzelfde, onveranderlijk, altijd nieuw. Naar een nieuwe Waarheid vragen is als een leerling uit de eerste klas die de onderwijzeres vraagt: "Juf, U heeft ons nu zo lang verteld dat 2+2=4 is. Het is zo oud geworden. Waarom kunt u niet iets nieuws zeggen, dat het 5 is in plaats van steeds maar 4?" De Waarheid kan niet veranderd worden. Hij is er altijd geweest en is altijd hetzelfde geweest.

Dit nieuwe millennium zal veel spiritueel ontwaken zien, zowel in het Oosten als in het Westen. Dat is echt de noodzaak van de tijd. De toenemende hoeveelheid wetenschappelijke kennis die de mensheid heeft vergaard, moet ons naar God leiden.

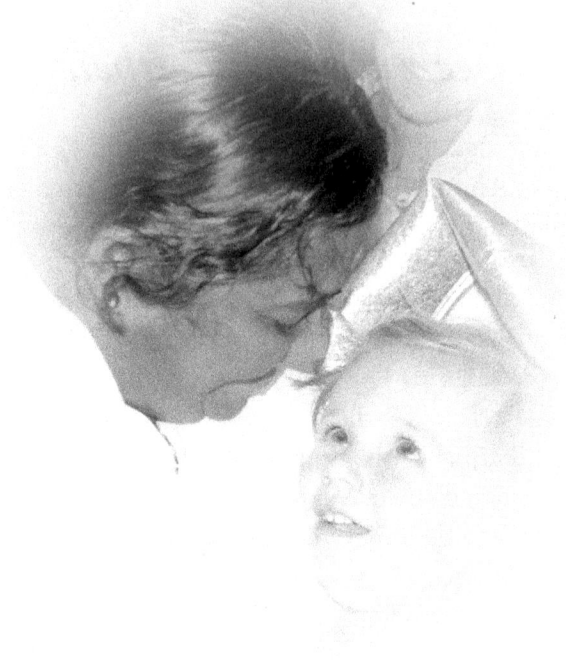

# *Waarheid*

Vraag Amma, wat is Waarheid?

Amma: Waarheid is dat wat eeuwig en onveranderlijk is.

Vraag: Is eerlijkheid Waarheid?

Amma: Eerlijkheid is alleen een eigenschap, niet de Waarheid, de uiteindelijke realiteit.

Vraag: Is die eigenschap niet een deel van de Waarheid, de uiteindelijke realiteit?

Amma: Ja, zoals alles een deel van de Waarheid, de uiteindelijke realiteit is, is eerlijkheid ook een deel ervan.

Vraag: Als alles een deel van de uiteindelijke realiteit is, dan zijn niet alleen goede eigenschappen, maar ook slechte eigenschappen een deel ervan, nietwaar?

Amma: Ja, maar dochter, jij bent nog op de aarde en hebt dat hoogtepunt niet bereikt.

Stel dat je voor de eerste keer in een vliegtuig gaat vliegen. Totdat je aan boord van het vliegtuig gaat, heb je geen idee wat vliegen is. Je kijkt om je heen en ziet mensen. Ze praten en schreeuwen. Er zijn gebouwen, bomen, voertuigen die rondrijden, het geluid van huilende kinderen, enzovoort. Na een tijdje stap je in het vliegtuig. Dan vertrekt het vliegtuig en langzaam vliegt het steeds hoger. Wanneer je op dat moment naar beneden kijkt, zie je dat alles steeds kleiner wordt en geleidelijk in eenheid verdwijnt. Ten slotte verdwijnt alles en ben je omgeven door uitgestrekte ruimte.

Op dezelfde manier, mijn kind, ben jij nog op aarde en bent nog niet in het vliegtuig gestapt. Je moet goede eigenschappen accepteren, in je opnemen en beoefenen en de slechte eigenschappen verwerpen. Als je eenmaal het hoogtepunt van realisatie bereikt hebt, dan ervaar je alles als Een.

## *Een advies van één zin*

Vraag Amma, kunt U mij een advies van één zin geven voor mijn innerlijk rust?

Amma: Blijvend of tijdelijk?

Vraag: Blijvend natuurlijk.

Amma: In dat geval: zoek je Zelf (de Atman).

Vraag: Dat is te moeilijk te begrijpen.

Amma: Okay, dan: houd van iedereen.

Vraag: Zijn dat twee verschillende antwoorden?

Amma: Nee, alleen de woorden zijn anders. Je Zelf vinden en evenveel van iedereen houden zijn in de grond hetzelfde. Ze zijn van elkaar afhankelijk. (Lachend.) Zoon, dit is al meer dan één zin.

Vraag: Sorry Amma, ik ben een dwaas.

Amma: Dat is prima, maak je geen zorgen, maar wil je doorgaan?

Vraag: Ja, Amma. Ontwikkelen vrede, liefde en echt geluk zich tegelijk met onze *sadhana* (spirituele oefeningen), of zijn zij alleen het eindresultaat?

Amma: Allebei, maar alleen wanneer wij het Innerlijke Zelf herontdekken, zal de cirkel volledig worden en zal perfecte rust volgen.

Vraag: Wat bedoelt U met 'de cirkel'?

Amma: De cirkel van ons innerlijk en uiterlijk bestaan, de toestand van perfectie.

Vraag: Maar de geschriften zeggen dat dat al volledig is, een cirkel. Als het al een cirkel is, vanwaar dan de vraag om het volledig te maken?

Amma: Natuurlijk is het een perfecte cirkel, maar de meeste mensen realiseren zich dit niet. Voor hen is er een gat dat gevuld moet worden. En in een poging dit gat te vullen rent iedere mens rond in de naam van allerlei behoeften, eisen en verlangens.

Vraag: Amma, ik heb gehoord dat er in de toestand van hoogste realisatie niet zoiets als innerlijk en uiterlijk bestaan is.

Amma: Ja, maar dat is alleen de ervaring van degenen die in die toestand gevestigd zijn.

Vraag: Zal het intellectueel begrijpen van die toestand helpen?

Amma: Wat helpen?

Vraag: Mij helpen een glimp van die toestand te krijgen.

Amma: Nee, intellectueel begrip bevredigt alleen het intellect. En zelfs die bevrediging is alleen tijdelijk. Je kunt denken dat je het begrepen hebt, maar spoedig zul je weer twijfels en vragen hebben. Je begrip is alleen op begrensde woorden en verklaringen gebaseerd. Zij kunnen je niet de ervaring van het onbegrensde geven.

Vraag: Dus wat is de beste weg?

Amma: Werk hard totdat overgave plaatsvindt.

Vraag: Wat bedoelt U met 'werk hard'?

Amma: Amma bedoelt beoefen geduldig *tapas* (versobering). Alleen wanneer je tapas doet, zul je in het heden kunnen blijven.

Vraag: Is tapas voortdurend lange uren zitten mediteren?

Amma: Dat is er slechts een deel van. Iedere handeling en gedachte op zo'n manier verrichten dat het ons helpt één te worden met God, of het Zelf, is echte tapas.

Vraag: Wat is het precies?

Amma: Het is je leven dat je opoffert aan het doel van Godrealisatie.

Vraag: Ik ben een beetje in verwarring.

Amma (glimlachend): Niet een beetje, je bent erg in de war.

Vraag: U hebt gelijk, maar waarom?

Amma: Omdat je te veel over spiritualiteit en de toestand voorbij de geest nadenkt. Houd op met denken en gebruik die energie om te doen wat je kunt. Dat zal je de ervaring, of op zijn minst een glimp, van die werkelijkheid geven.

# Behoefte aan een dagindeling

Vraag Amma, U zegt dat men een dagelijkse discipline moet volgen, zoals een dagindeling, en dat men zich er zoveel mogelijk aan moet houden. Maar Amma, ik ben de moeder van een klein baby'tje. Wat moet ik doen als mijn kind begint te huilen wanneer ik op het punt sta te mediteren?

Amma: Het is heel eenvoudig. Zorg eerst voor de baby en mediteer dan. Als je ervoor kiest te mediteren zonder aandacht aan het kind te schenken, dan zul je alleen over het kind mediteren, niet over het Zelf of God.

Het volgen van een dagindeling zal in de beginstadia zeker nuttig zijn. Een echte *sadhak* (spirituele zoeker) moet de hele tijd controle uitoefenen, dag en nacht.

Sommige mensen hebben de gewoonte koffie te drinken zodra ze opstaan. Als ze het op een dag niet op tijd krijgen, voelen ze zich helemaal niet op hun gemak. Het kan zelfs hun hele dag bederven en maagpijn, constipatie en hoofdpijn veroorzaken. Op dezelfde manier moeten meditatie, gebed en het herhalen van de mantra een essentieel onderdeel van het leven van een sadhak worden. Als je het ooit overslaat, moet je dat diep kunnen voelen. Daaruit ontstaat het verlangen om het nooit te missen.

# Eigen inspanning

Vraag Amma, sommige mensen zeggen dat het niet nodig is om spirituele oefeningen te doen omdat onze ware aard de Atman is. Ze zeggen: "Ik ben Dat, het absolute bewustzijn. Wat is dan de zin van *sadhana* (spirituele oefeningen) als ik reeds Dat ben?" Denkt U dat zulke mensen oprecht zijn?

Amma: Amma wil niet zeggen of deze mensen oprecht zijn of niet, maar Amma denkt dat zulke mensen of pretenderen dat te zijn, of helemaal misleid zijn of lui zijn. Amma vraagt zich af of deze mensen zouden zeggen: "Ik hoef niet te eten of te drinken, omdat ik niet het lichaam ben."

Stel dat zij de eetkamer binnengeleid worden waar een aantal borden leuk op de tafel staan opgesteld. Maar waar een uitgebreide maaltijd hoort te zijn, ligt alleen een stukje papier waarop geschreven staat 'rijst,' op een ander staat 'gestoomde groenten,' 'zoete pudding,' enzovoorts. Zijn deze mensen bereid zich in te beelden dat ze naar hartelust gegeten hebben en dat hun honger volledig bevredigd is?

De boom is in potentie in het zaad. Maar wat als het zaadje egoïstisch denkt: "Ik wil niet voor deze aarde buigen. Ik ben de boom. Ik hoef niet onder deze vieze grond te gaan." Als dat de houding van het zaadje is, zal het eenvoudig niet ontkiemen, de zaailing zal niet tevoorschijn komen en het zal nooit een boom worden die anderen schaduw en vruchten geeft. Omdat het zaadje denkt dat het een boom is, zal er niets gebeuren. Het zal een zaadje blijven. Dus, wees een zaadje, maar heb de bereidheid om op de aarde te vallen en onder de grond te gaan. Dan zal de aarde voor het zaadje zorgen.

# Genade

Vraag Amma, is genade de uiteindelijke beslissende factor?

Amma: Genade is de factor die het juiste resultaat op de juiste tijd in de juiste verhouding tot je handelingen brengt.

Vraag: Zelfs als je je volledig aan je werk wijdt, zal het resultaat dan afhangen van hoeveel genade je hebt?

Amma: Toewijding is het belangrijkste aspect. Hoe meer toegewijd je bent, hoe meer je open blijft. Hoe opener je bent, hoe meer liefde je ervaart. Hoe meer liefde je hebt, hoe meer genade je ervaart.

Genade is openheid. Het is de spirituele kracht en de intuitieve visie die je kunt ervaren terwijl je handelt. Door open te blijven voor een bepaalde situatie, laat je je ego en je bekrompen opvattingen los. Dit transformeert je geest tot een beter kanaal waardoor *shakti* (goddelijke energie) kan stromen. Die stroom van shakti en de uitdrukking ervan door onze handelingen is genade.

Iemand kan een fantastische zanger zijn, maar als hij op het podium een uitvoering geeft, moet hij de shakti van de muziek door zich heen laten stromen. Dat brengt genade met zich mee en helpt hem het gehele gehoor in vervoering te brengen.

Vraag: Waar is de bron van genade?

Amma: De echte bron van genade is in ons, maar zolang je je dit niet realiseert, lijkt het ergens ver weg te blijven.

Vraag: Ver weg?

Amma: Ver weg betekent de oorsprong die jou onbekend is in je huidige mentale toestand. Wanneer een zanger vanuit zijn hart zingt, staat hij in verbinding met het goddelijke, met het transcendente. Waar komt ontroerende muziek vandaan? Je kunt zeggen uit de keel of het hart, maar als je binnenin kijkt, zul je het dan zien? Nee, dus komt het van verder. Die bron is echt het goddelijke. Als de uiteindelijke realisatie plaatsvindt, zul je die bron in je vinden.

# Sannyasa: niet te categoriseren

Vraag Wat betekent het een echte *sannyasi* te zijn?

Amma: Een echte sannyasi is iemand die alle beperkingen die door de geest geschapen zijn, overstegen heeft. Op het ogenblik worden we gehypnotiseerd door de geest. In de toestand van sannyasa zullen we volledig vrij zijn van de greep van die hypnose. We zullen ontwaken als uit een droom, als een dronkaard die uit zijn roes komt.

Vraag: Is sannyasa ook het bereiken van Goddelijkheid?

Amma: Amma zou het liever zo zeggen: sannyasa is een toestand waarin men de hele schepping als God kan zien en aanbidden.

Vraag: Is nederigheid een kenmerk van een echte sannyasi?

Amma: Echte sannyasi's kunnen niet gecategoriseerd worden. Ze staan daarboven. Als je zegt dat die en die erg eenvoudig en nederig is, is er nog steeds 'iemand' die eenvoudig en nederig is. In de staat van sannyasa verdwijnt dat 'iemand,' wat het ego is. Gewoonlijk is nederigheid het tegenovergestelde van verwaandheid. Liefde is het tegenovergestelde van haat. Maar een echte sannyasi is niet nederig en niet verwaand, hij is geen liefde en geen haat. Iemand die sannyasa bereikt heeft, is voorbij alles. Hij heeft niets meer te winnen of te verliezen. Wanneer we een echte sannyasi 'nederig' noemen, betekent dat niet alleen de afwezigheid van verwaandheid, maar het betekent ook de afwezigheid van het ego.

Iemand vroeg een Mahatma: "Wie bent u?"

"Ik ben niet," antwoordde hij.

"Bent U God?"

"Nee, dat ben ik niet."

"Bent u een heilige of een wijze?"

"Nee, dat ben ik niet."

"Bent u een atheïst?"

"Nee, dat ben ik niet."

"Wie bent u dan?"

"Ik ben wat ik ben. Ik ben zuiver bewustzijn."

Sannyasa is de toestand van zuiver bewustzijn.

# Een goddelijk spel tijdens een vlucht

Scène 1: Het vliegtuig van Air India naar Dubai is net opgestegen. De bemanning maakt de eerste ronde van frisdrank klaar. Plotseling staan alle passagiers een voor een van hun stoel op en gaan in een lange rij naar de Business Class. De geschrokken bemanning, die niet begrijpt wat er aan de hand is, verzoekt iedereen om weer op zijn plaats te gaan zitten. Wanneer het hun duidelijk wordt dat het totaal geen effect heeft, verzoeken ze uiteindelijk iedereen dringend om mee te werken totdat ze klaar zijn met het opdienen van het voedsel.

"We willen Amma's *darshan*!" schreeuwen de passagiers.

"Dat begrijpen we," antwoordt de bemanning. "Heb alstublieft geduld met ons totdat we klaar zijn met serveren."

De passagiers geven ten slotte toe aan het verzoek van de vliegtuigbemanning en gaan terug naar hun stoelen.

Scène 2: Het serveren is nu afgelopen. De stewards en stewardessen worden tijdelijk de darshanmonitors en leiden de darshanrij, die zich traag naar Amma's stoel beweegt. Door de korte termijn van kennisgeving konden er geen darshannummers uitgegeven worden. Desondanks doet de bemanning het geweldig.

Scène 3: De passagiers die nu Amma's darshan gekregen hebben, zien er erg gelukkig en ontspannen uit. Ze gaan allemaal comfortabel in hun stoel zitten. Nu gaat de hele bemanning inclusief de piloot en de tweede piloot in de rij staan. Natuurlijk hadden zij op hun beurt gewacht. Iedereen krijgt een moederlijke omhelzing. Tegelijk daarmee ontvangen zij ook Amma's influistering van liefde en genade, een ongelooflijk stralende glimlach en een snoepje als *prasad* (gezegende gift) van Amma.

Scène 4: Hetzelfde gebeurt op de terugvlucht.

# *Sympathie en mededogen*

Vraag Amma, wat is echt mededogen?

Amma: Echt mededogen is de bekwaamheid om dat wat erachter ligt te zien en te kennen. Alleen degenen die de capaciteit hebben om te zien wat erachter ligt, kunnen echte hulp bieden en anderen verheffen.

Vraag: Achter wat?

Amma: Achter het lichaam en de geest, achter de uiterlijke verschijning.

Vraag: Amma, wat is dan het verschil tussen sympathie en mededogen?

Amma: Mededogen is echte hulp die je krijgt van een Echte Meester. De Meester ziet wat erachter ligt. Sympathie daarentegen is tijdelijke hulp die je krijgt van de mensen om je heen. Sympathie blijft aan de oppervlakte en gaat niet dieper. Mededogen is juist inzicht met een grondige kennis van de persoon, de situatie en wat hij werkelijk nodig heeft. Sympathie is oppervlakkiger.

Vraag: Hoe onderscheid je de twee?

Amma: Het is moeilijk, maar Amma zal je een voorbeeld geven. Het is niet ongebruikelijk dat chirurgen hun patiënten instrueren de tweede of derde dag op te staan en te lopen, zelfs na zware operaties. Als de patiënt dit niet wil doen, zal een goede dokter die de gevolgen kent, hem altijd dwingen om uit bed te komen en te gaan lopen. De familieleden van de patiënt, die zijn pijn en inspanning zien, hebben misschien commentaar: "Wat een wrede dokter! Waarom dwingt hij hem te lopen wanneer hij het niet wil? Dit is te erg!"

In dit voorbeeld kan de houding van de verwanten sympathie genoemd worden en de houding van de dokter mededogen. Wie helpt er in dit geval de patiënt echt? De dokter of de verwanten? Als de patiënt denkt: "Deze dokter is waardeloos. Wie is hij per slot van rekening om instructies te geven? Wat weet hij van mij af? Laat hem dus maar praten wat hij wil. Ik luister niet naar hem," zal zo'n houding de patiënt nooit helpen.

Vraag: Kan sympathie iemand schaden?

Amma: Als we niet voorzichtig zijn en onze sympathie aanbieden zonder de subtiele aspecten van een bepaalde situatie en iemands mentale gesteldheid te begrijpen, kan het schadelijk zijn. Het is gevaarlijk wanneer mensen te veel waarde hechten aan vriendelijke woorden. Het kan zelfs een obsessie worden die hun geleidelijk van hun onderscheidingsvermogen berooft als ze een kleine, cocon-achtige wereld om zich heen bouwen. Ze kunnen zich getroost voelen, maar ze doen misschien nooit moeite om uit hun situatie te komen. Zonder dat ze er erg in hebben kunnen ze steeds meer in de duisternis terechtkomen.

Vraag: Amma, wat bedoelt U met 'coconachtige wereld'?

Amma: Amma bedoelt dat je het vermogen verliest om dieper in jezelf te kijken, om te zien wat er werkelijk gebeurt. Je hecht te veel belang aan de woorden van een ander en vertrouwt hem blindelings zonder je onderscheidingsvermogen goed te gebruiken.

Sympathie is oppervlakkige liefde zonder enige kennis over de fundamentele oorzaak van het probleem, terwijl mededogen liefde is die de echte oorzaak van het probleem ziet en daar op de juiste manier mee omgaat.

# Echte liefde is vrijheid van angst

Vraag Amma, wat is echte liefde?

Amma: Echte liefde is de toestand van totale vrijheid van angst. Angst is een essentieel onderdeel van de geest. Daarom kunnen angst en echte liefde niet samengaan. Wanneer de liefde in diepte toeneemt, neemt de intensiteit van de angst langzaam af.

Angst kan alleen bestaan wanneer je geïdentificeerd bent met het lichaam en de geest. Het transcenderen van de zwakheden van de geest en leven in liefde is Goddelijkheid. Hoe meer je liefhebt, des te meer goddelijkheid komt er in je tot uitdrukking. Hoe minder liefde je hebt, des te meer angst heb je en des te verder ga je van het centrum van het leven vandaan. Vrijheid van angst is een van de mooiste eigenschappen van een echte minnaar.

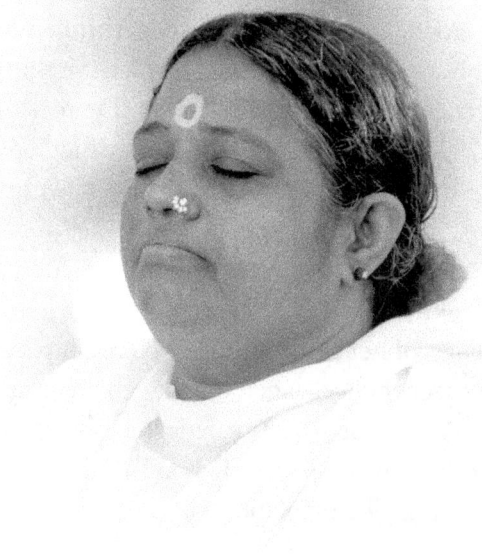

# Geboden en verboden

Vraag Amma, het cultiveren van zuiverheid en andere
morele waarden wordt in het spirituele leven als belangrijk beschouwd. Maar er zijn new-agegurus die ontkennen dat dit nodig is. Amma, wat is Uw mening hierover?

Amma: Het is zeker waar dat morele waarden een belangrijke rol
in het spirituele leven spelen. Op ieder pad, of het nu spiritueel of
materieel is, zijn er bepaalde geboden en verboden waaraan men
zich moet houden. Als je je niet aan de voorgeschreven voorwaar-
den houdt, zal het moeilijk zijn het gewenste resultaat te behalen.
Hoe subtieler het uiteindelijke resultaat, des te intensiever zal

de weg erheen zijn. Spirituele realisatie is de subtielste ervaring van allemaal, daarom zijn de regels en voorschriften die dit eist rigoureus.

Een patiënt kan niet zomaar eten en drinken wat hij wil. Afhankelijk van de ziekte zullen er beperkingen zijn voor het dieet en de beweging. Als die niet in acht genomen worden, kan dat het genezingsproces beïnvloeden. De toestand kan zelfs verslechteren, als de patiënt de instructies niet opvolgt. Is het verstandig als de patiënt vraagt: "Moet ik me echt aan al deze regels en voorschriften houden?"

Er zijn musici die achttien uur per dag oefenen om perfectie met hun muziekinstrument te bereiken. Waar je belangstelling ook naar uit gaat, of het spiritualiteit, wetenschap, politiek, sport of kunst is, je succes en welslagen op dat gebied hangt uitsluitend af van de manier waarop je het benadert, de hoeveelheid tijd die je oprecht doorbrengt om je doel te bereiken en hoe precies je de essentiële noodzakelijke principes volgt.

Vraag: Is dus zuiverheid de fundamentele eigenschap om het Doel te bereiken?

Amma: Het kan zuiverheid zijn. Het kan liefde, mededogen, vergeving, geduld of doorzettingsvermogen zijn. Haal er gewoon één eigenschap uit en leef die met het grootst mogelijke vertrouwen en optimisme na. Andere eigenschappen zullen automatisch volgen. Het doel is de beperkingen van de geest te overschrijden.

# Amma, een offer aan de wereld

Vraag Amma, wat verwacht U van Uw leerlingen?

Amma: Amma verwacht van niemand iets. Amma heeft zich aan de wereld geofferd. Als je een offer wordt, hoe kun je dan iets van iemand verwachten? Alle verwachtingen komen uit het ego voort.

Vraag: Maar Amma, U spreekt veel over overgave aan de Guru. Is dat geen verwachting?

Amma: Het is waar dat Amma daarover spreekt, maar niet omdat Ze overgave van Haar kinderen verwacht, maar omdat dat de kern van het spirituele leven is. De Guru offert alles wat hij heeft aan de leerling. Omdat een *Satguru* (Perfecte Meester) een ziel is die zich volledig heeft overgegeven, offert en leert zijn aanwezigheid dat aan de leerlingen. Het gebeurt spontaan. Afhankelijk van de volwassenheid en het begrip van de leerling neemt deze het aan of verwerpt het. Wat de houding van de leerling ook mag zijn, een Satguru blijft geven. Hij kan niet anders.

Vraag: Wat gebeurt er wanneer een leerling zich aan een Satguru overgeeft?

Amma: Als een lamp die door de grote lamp is aangestoken, zal de leerling ook een licht worden dat de wereld leidt. De leerling wordt ook een Meester.

Vraag: Wat helpt het meest bij dit proces: de vorm van de Meester of zijn vormloze aspect?

Amma: Beide. Het vormloze bewustzijn inspireert de leerling door de vorm van de Satguru als zuivere liefde, mededogen en overgave.

Vraag: Geeft de leerling zich aan de vorm van de Meester of aan het vormloze bewustzijn over?

Amma: Het begint als overgave aan de fysieke vorm, maar het eindigt als overgave aan het vormloze bewustzijn, wanneer de leerling zijn eigen Echte Zelf realiseert. Zelfs in de beginstadia van *sadhana* (spirituele oefeningen), wanneer de leerling zich aan de vorm van de Meester overgeeft, geeft hij zich in werkelijkheid aan het vormloze bewustzijn over, alleen is de leerling zich daarvan niet bewust.

Vraag: Waarom?

Amma: Omdat leerlingen alleen het lichaam kennen. Bewustzijn is hun volledig onbekend.

Een echte leerling zal doorgaan de vorm van de Guru te aanbidden als een uitdrukking van dankbaarheid jegens de Guru die zijn genade over hem uitstort en hem de weg wijst.

# De vorm van de Satguru

Vraag Kunt U de aard van de fysieke vorm van de *Satguru* (Echte Meester) op een eenvoudige manier uitleggen?

Amma: Een Satguru heeft wel en niet een vorm, zoals chocolade. Zodra je het in je mond stopt, smelt het en heeft het geen vorm meer. Het wordt een deel van je. Zo ook zul je je realiseren dat de Meester het vormloze hoogste bewustzijn is, als je het onderricht van de Meester echt in je opneemt en het tot een deel van je leven maakt.

Vraag: Dus we moeten Amma opeten?

Amma: Ja, eet Amma op als je dat kunt. Ze is heel graag bereid voedsel voor je ziel te worden.

Vraag: Amma, dank U voor het voorbeeld van de chocolade. Dat maakt het heel gemakkelijk te begrijpen omdat ik erg van chocolade houd.

Amma (lachend): Maar wees er niet te gek op, omdat het slecht voor je gezondheid is.

# *Perfecte leerlingen*

Vraag Wat heeft men eraan een perfecte leerling te worden?

Amma: Een Perfecte Meester te worden.

Vraag: Hoe beschrijft U Uzelf?

Amma: Zeker niet als iets.

Vraag: Wat dan wel?

Amma: Als niets.

Vraag: Betekent dat als alles?

Amma: Dat betekent dat Ze altijd voor iedereen aanwezig en beschikbaar is.

Vraag: Betekent 'iedereen' al degenen die naar U toe komen?

Amma: 'Iedereen' betekent iedereen die open is.

Vraag: Betekent dat dat Amma niet beschikbaar is voor degenen die niet open zijn?

Amma: Amma's fysieke aanwezigheid is er voor iedereen, of ze Haar accepteren of niet. Maar de ervaring is er alleen voor degenen die open zijn. De bloem is er, maar de schoonheid en geur worden alleen ervaren door degenen die open zijn. Iemand met een verstopte neus kan het niet ervaren. Zo ook kan een verstopt hart niet ervaren wat Amma aanbiedt.

# Vedanta en de schepping

Vraag Er zijn enkele tegenstrijdige theorieën over de schepping. Zij die de weg van devotie volgen, zeggen dat God de wereld schiep, terwijl *vedantins* (non-dualisten) van mening zijn dat alles een schepping van de geest is en die er daarom slechts is zolang de geest bestaat. Welke van deze zienswijzen is juist?

Amma: Beide zienswijzen zijn correct. Terwijl een toegewijde de Hoogste Heer als de schepper van de wereld ziet, ziet een vedantin Brahman als het onderliggende principe, dat als basis voor de veranderende wereld dient. Voor een vedantin is de wereld een projectie van de geest, terwijl het voor de toegewijde de *lila* (het spel) van zijn Geliefde Heer is. Dit lijken misschien twee heel verschillende perspectieven, maar als je er dieper op ingaat, zul je ontdekken dat ze in de grond hetzelfde zijn.

Naam en vorm zijn verbonden met de geest. Wanneer de geest ophoudt te bestaan, verdwijnen naam en vorm ook. De wereld, of schepping, bestaat uit namen en vormen. Een God of een Schepper heeft alleen betekenis wanneer de schepping bestaat. Zelfs God heeft een naam en vorm. Om de wereld van namen en vormen te laten ontstaan is er een corresponderende oorzaak nodig, en die oorzaak noemen we God.

Echte Vedanta is de hoogste vorm van kennis. Amma heeft het niet over Vedanta in de vorm van teksten uit de geschriften of de Vedanta waarover de zogenaamde vedantins praten. Amma heeft het over Vedanta als de hoogste ervaring, als een manier van leven, als gelijkmoedigheid van de geest in alle situaties van het leven.

Dit is echter niet gemakkelijk. Als er geen transformatie plaatsvindt, zal deze ervaring niet ontstaan. Deze revolutionaire verandering op het intellectuele en emotionele niveau maakt de geest subtiel, verruimd en krachtig. Hoe subtieler en ruimer de geest wordt, des te meer wordt hij 'geen geest'. Geleidelijk verdwijnt de geest. Wanneer er geen geest is, waar is dan God en waar is de wereld of de schepping? Toch betekent dit niet dat de wereld uit het zicht zal verdwijnen, maar er zal een transformatie plaatsvinden en je zult het Ene in de velen zien.

Vraag: Betekent dat dat in die toestand God ook een illusie is?

Amma: Ja, vanaf het meest fundamentele standpunt gezien is God met vorm een illusie. Het hangt echter van de diepte van je innerlijke ervaring af. Niettemin is de houding van de zogenaamde vedantins die egoïstisch vinden dat zelfs de vormen van de Goden en Godinnen onbelangrijk zijn, niet juist. Vergeet niet dat het ego je nooit op deze weg zal helpen. Alleen nederigheid zal je helpen.

Vraag: Dat gedeelte begrijp ik. Maar Amma, U zei ook dat vanaf het meest fundamentele standpunt God met vorm ook een illusie is. Zegt U dus dat de verschillende vormen van de Goden en Godinnen enkel projecties van de geest zijn?

Amma: Uiteindelijk zijn ze dat. Alles wat ten onder gaat, is niet echt. Alle vormen, zelfs die van de Goden en Godinnen, hebben een begin en een eind. Dat wat geboren wordt en sterft, is mentaal. Het is verbonden met het gedachteproces. En alles wat met de geest verbonden is, moet veranderen omdat het in de tijd bestaat. De enige onveranderlijke waarheid is dat wat altijd blijft, de basis van de geest en het intellect. Dat is de *Atman* (het Zelf), de uiteindelijke staat van bestaan.

Vraag: Als zelfs de vormen van de Goden en Godinnen onwerkelijk zijn, wat heeft het dan voor zin tempels te bouwen en hen te aanbidden?

Amma: Nee, je begrijpt niet waar het om gaat. Je kunt de Goden en Godinnen niet zomaar opzijschuiven. Voor mensen die nog met de geest geïdentificeerd zijn en die de hoogste toestand nog niet bereikt hebben, zijn die vormen zeker echt en ze zijn heel hard nodig voor hun spirituele groei. Ze helpen hen geweldig.

De regering in een land bestaat uit verscheidene afdelingen en departementen. Onder de president of de eerste minister staat een aantal ministers en onder hen staan zoveel andere ambtenaren en allerlei andere departementen tot de dienaren en vegers toe.

Stel dat je iets voor elkaar wilt krijgen. Dan ga je direct naar de president of de eerste minister, mits je hen kent of contact met hen hebt. Dit zal alles veel gemakkelijker en soepeler voor je maken. Men zal onmiddellijk geven wat je nodig hebt, wat het ook mag zijn. Maar de meerderheid van de mensen heeft geen direct contact of directe invloed. Om iets voor elkaar te krijgen of om toegang te krijgen tot de hogere autoriteiten moeten zij de normale weg bewandelen: een lagere ambtenaar of lagere afdeling benaderen, soms zelfs een bediende. Op dezelfde manier moeten wij, zolang we ons op het fysieke niveau van het bestaan bevinden en ons identificeren met de geest en zijn gedachtepatronen, de verschillende vormen van God accepteren en erkennen, totdat we een directe verbinding met de innerlijke bron van pure energie tot stand gebracht hebben.

Vraag: Maar vedantins zijn het gewoonlijk niet eens met deze zienswijze.

Amma: Over welke vedantins heb je het? Een boekenworm-vedantin die de geschriften als een getrainde papegaai of een bandrecorder herhaalt, misschien niet, maar een echte vedantin zeker wel. Een vedantin die de wereld en het pad van devotie niet accepteert, is geen echte vedantin. Het accepteren van de wereld en het erkennen van de verscheidenheid, maar tegelijk de ene Waarheid in de verscheidenheid zien is echte Vedanta.

Een vedantin die de weg van de liefde als minderwaardig beschouwt, is noch een vedantin noch een echte spirituele zoeker. Echte vedantins kunnen hun spirituele oefeningen niet zonder liefde doen.

De vorm zal je naar het vormloze brengen, mits je je oefeningen met de juiste houding doet. *Saguna* (met vorm) is *nirguna* (zonder vorm) gemanifesteerd. Als men dit eenvoudige principe niet begrijpt, wat heeft het dan voor zin zichzelf vedantin te noemen?

Vraag: Amma U zei dat een toegewijde de wereld als de lila van God ziet. Wat betekent lila?

Amma: Het is een definitie van één woord voor de hoogste onthechting. De hoogste toestand van *saakshi* (getuige zijn) zonder enige vorm van autoriteit uit te oefenen staat bekend als lila. Wanneer we volledig uit de buurt van de geest en al zijn projecties blijven, hoe kunnen we dan gehechtheid voelen of autoriteit voelen? Alles gadeslaan wat van binnen en van buiten gebeurt, zonder erbij betrokken te raken is echt leuk, een prachtig spel.

Vraag: We hebben gehoord dat Amma ophield Krishna Bhava[2] te manifesteren omdat U dan in die toestand van lila was.

Amma: Dat was een van de redenen. Krishna was onthecht. Hij nam actief aan alles deel, maar bleef totaal onthecht. Hij distantieerde zich innerlijk van alles wat er om Hem heen plaatsvond. Dat is de betekenis van de welwillende glimlach die Krishna altijd op Zijn prachtige gezicht had.

Hoewel Amma tijdens Krishna Bhava naar de problemen van de toegewijden luisterde, had Ze dan altijd een meer speelse en onthechte houding tegenover hen. In die toestand was er noch liefde, noch liefdeloosheid, noch mededogen noch afwezigheid van mededogen. De moederlijke affectie en gehechtheid die nodig is om rekening te houden met de gevoelens van de toegewijden en diepe betrokkenheid uit te drukken, werd niet gemanifesteerd. Het was een toestand van transcendentie. Amma dacht dat dit de toegewijden niet veel zou helpen. Daarom besloot Ze van Haar kinderen te houden en hen te dienen als een moeder.

---

[2] Oorspronkelijk manifesteerde Amma zowel Krishna Bhava als Devi Bhava, maar in 1983 hield Ze met Krishna Bhava op.

## *"Ben je gelukkig?"*

Vraag Amma, ik heb gehoord dat U mensen die Uw darshan ontvangen, vraagt: "Gelukkig?" Waarom vraagt U dit aan hen?

Amma: Het is als een uitnodiging om gelukkig te zijn. Als je gelukkig bent, ben je open en dan kan Gods *shakti* (goddelijke energie) in je stromen. Dus Amma vertelt die persoon eigenlijk om gelukkig te zijn zodat Gods shakti naar binnen kan gaan. Wanneer je gelukkig bent, wanneer je open en ontvankelijk bent, is er steeds meer geluk voor je. Wanneer je ongelukkig bent, ben je gesloten en verlies je alles. Iemand die open is, is gelukkig. Het zal God naar je toe trekken. En wanneer God in je aanwezig is, kun je alleen maar gelukkig zijn.

# Een geweldig voorbeeld

Op de dag dat we in Santa Fe aankwamen, motregende het. "Dat gebeurt altijd in Santa Fe. Na een lange droogte, regent het wanneer Amma komt," zei Amma's gastheer in het Amma Centrum van New Mexico.

Het was donker tegen de tijd dat we het huis van de gastheer bereikten. Amma kwam een beetje langzaam uit de auto. Zodra Ze uit de auto stapte, bood de gastheer Amma Haar sandalen aan. Hij liep toen naar de voorkant van de auto in de hoop Amma naar het huis te leiden.

Amma deed een paar stappen naar de voorkant van de auto. Toen draaide Ze zich plotseling om en zei: "Nee, Amma wil liever niet langs de voorkant van de auto lopen. Dat is het gezicht van de auto. Het is onbeleefd dat te doen. Amma doet dat niet graag." Met deze woorden liep Amma om de achterkant van de auto heen en toen naar het huis. Dit was niet de enige keer dat Amma zich zo gedroeg. Steeds wanneer Amma uit een auto stapt, doet Ze dit.

Er is geen beter voorbeeld hoe Amma's hart naar alles uitgaat, zelfs naar levenloze objecten.

# Relaties

I emand die darshan kreeg, draaide zijn hoofd naar mij en zei: "Vraag Amma alstublieft of ik op kan houden met afspraakjes maken en betrokken raken in liefdesaffaires."

Amma (ondeugend glimlachend): Wat is er gebeurd? Is je vriendin er met een ander vandoor gegaan?

Vragensteller (heel verbaasd kijkend): Hoe weet U dat?

Amma: Heel eenvoudig. Dat is een van de gelegenheden in het leven waarbij men zulke gedachten heeft.

Vraag: Amma, ik ben jaloers op de voortgezette vriendschap van mijn vriendin met haar vorige vriendje.

Amma: Is dat de reden dat je op wilt houden met afspraakjes maken en relaties aangaan?

Vraag: Ik heb er genoeg van en ben gefrustreerd door soortgelijke gebeurtenissen in het leven. Genoeg is genoeg. Nu wil ik innerlijke rust hebben en me concentreren op mijn spirituele oefeningen.

*Amma vroeg verder niets. Ze ging verder met darshan geven. Na een tijdje vroeg de man mij: "Ik vraag me af of Amma advies voor me heeft."*
*Amma hoorde hem met mij praten.*

Amma: Mijn zoon, Amma dacht dat je reeds besloten had wat je gaat doen. Heb je niet gezegd dat je genoeg hebt van zulke dingen? Van nu af wil je een rustig leven leiden en je op je spirituele oefeningen concentreren, nietwaar? Dat klinkt als de juiste oplossing. Ga dus je gang en doe het.

*De man was een tijdje stil, maar keek rusteloos. Op een gegeven moment wierp Amma een blik op hem. Door de blik en de glimlach kon ik de Grote Meester in Amma zien die met de legendarische karnstok in Haar handen zwaaide, klaar om iets los te roeren en het naar de oppervlakte te brengen.*

Vraag: Dat betekent dat Amma mij niets te zeggen heeft, nietwaar?

*Plotseling begon de arme arm te huilen.*

Amma (zijn tranen afvegend): Kom op, mijn zoon. Wat is je echte probleem? Wees open en vertel het Amma.

Vraag: Amma, een jaar geleden heb ik haar ontmoet tijdens een van Amma's programma's. Toen we elkaar in de ogen keken, wisten we dat we voor elkaar bestemd waren. Zo begon het. En nu kwam plotseling deze kerel, haar *vroegere* vriend, tussen ons beiden. Ze zegt dat hij alleen een vriend is, maar er zijn situaties waarin ik sterk aan haar woorden twijfel.

Amma: Waarom denk je dat, hoewel ze je iets anders verteld heeft?

Vraag: De situatie is als volgt: nu zijn zowel ik als haar vroegere vriend hier om Amma's programma's bij te wonen. Ze brengt meer tijd bij hem door dan bij mij. Ik ben daardoor erg van streek. Ik weet niet wat ik moet doen. Ik ben gedeprimeerd. Het is moeilijk voor me geworden om op Amma geconcentreerd te blijven, waarvoor ik uiteindelijk gekomen ben. Mijn meditaties hebben niet dezelfde intensiteit en ik kan zelfs niet goed slapen.

Amma (schertsend): Weet je wat? Hij prijst haar misschien door te zeggen: "Kijk lieveling, je bent de mooiste vrouw ter wereld. Ik kan zelfs niet aan een andere vrouw denken na jou ontmoet te hebben." Hij drukt misschien meer liefde voor haar uit, laat haar veel praten, houdt zich rustig zelfs als hij zich geprovoceerd voelt. Bovendien moet hij veel chocolade voor haar kopen! In tegenstelling tot haar indruk van hem, is haar indruk van jou misschien die van een bullebak die altijd op haar vit en ruzie met haar maakt, enzovoorts.

*Toen de man en de toegewijden die om Amma heen zaten dit hoor-den, moesten zij hartelijk lachen. Hij was echter eerlijk genoeg om Amma te bekennen dat hij min of meer was zoals Amma beschreef.*

Amma (hem op de rug kloppend): Voel je veel kwaadheid en haat tegenover haar?

Vraag: Ja, inderdaad, maar ik voel meer kwaadheid tegenover hem. Ik raak zo geërgerd.

*Amma voelde zijn handpalm. Die was erg warm.*

Amma: Waar is ze nu?

Vraag: Ergens in de buurt.

Amma (in het Engels): Ga praten.

Vraag: Nu?

Amma (in het Engels): Ja, nu.

Vraag: Ik weet niet waar ze is.

Amma (in het Engels): Ga zoeken.

Vraag: Ja, dat zal ik doen. Maar ik moet hém eerst vinden, want daar is zij ook. Hoe dan ook Amma, zeg me nu: moet ik de relatie voortzetten of beëindigen? Denkt U dat de relatie hersteld kan worden?

Amma: Mijn zoon, Amma weet dat je nog aan haar gehecht bent. Het belangrijkste is jezelf ervan te overtuigen dat dit gevoel dat je liefde noemt, geen liefde is, maar gehechtheid. Alleen die overtuiging zal je helpen van die onrustige mentale toestand waarin je nu verkeert, af te komen. Of je nu slaagt of faalt in het herstellen van de relatie, als je niet duidelijk onderscheid kunt maken tussen gehechtheid en liefde, zul je blijven lijden.

Amma zal je een verhaal vertellen. Een hoge functionaris bezocht eens een gekkenhuis. De dokter gaf hem een rondleiding. In een van de cellen trof hij een patiënt aan die alsmaar "Pumpum...Pumpum...Pumpum..." herhaalde waarbij hij op een stoel op en neer schommelde. De functionaris informeerde naar de oorzaak van zijn ziekte en vroeg de dokter of er verband bestond tussen de naam en de ziekte.

De dokter antwoordde: "Het is een triest verhaal, meneer. Pumpum was het meisje van wie hij hield. Ze gaf hem de bons en ging er met een ander vandoor. Daarna werd hij gek."

"Arme kerel," merkte de functionaris op en ging verder. Hij was echter verbaasd toen hij in de volgende cel nog een patiënt zag zitten die "Pumpum...Pumpum...Pumpum..." herhaalde, terwijl hij voortdurend met zijn hoofd tegen de muur sloeg. De verbaasde functionaris wendde zich tot de dokter en vroeg: "Wat is dit? Waarom herhaalt deze patiënt dezelfde naam? Is er een bepaald verband?"

"Ja, meneer," antwoordde de dokter. Dit is de man die uiteindelijk met Pumpum trouwde."

*De man barstte in lachen uit.*

Kijk, mijn zoon, liefde is als het opengaan van een bloem. Je kunt die niet forceren open te gaan. Als je een bloem forceert open te gaan, zal alle schoonheid en geur vernield worden en noch jij, noch iemand anders zal ervan genieten. Als je hem daarentegen zelf open laat gaan, op een natuurlijke manier, dan kun je de zoete geur en de kleurige bloemblaadjes ervaren. Wees dus geduldig. Observeer jezelf. Wees een spiegel en probeer te zien waar je een fout hebt gemaakt en hoe.

Vraag: Ik denk dat mijn jaloezie en kwaadheid pas zullen ophouden als ik met God trouw.

Amma: Ja, dat is het. Wees Gods bruid. Alleen eenheid met de spirituele waarheid stelt je in staat om alles te overschrijden en echte rust en vreugde te vinden.

Vraag: Wilt U me bij dat proces helpen?

Amma: Amma's hulp is er altijd. Je moet die alleen zien en aannemen.

Vraag: Dank u heel erg, Amma. U hebt me al geholpen.

## Wat doet een echte Meester?

Vraag Wat doe een *Satguru* (Echte Meester) met een leerling?

Amma: Een Satguru helpt de leerling zijn zwakheden te zien.

Vraag: Hoe helpt dat de leerling?

Amma: Echt zien betekent beseffen en accepteren. Als de leerling zijn zwakheden accepteert, is het makkelijker ze te overwinnen.

Vraag: Amma, wanneer U 'zwakheden' zegt, verwijst U dan naar het ego?

Vraag: Kwaadheid is een zwakheid, jaloezie is een zwakheid, haat, egoïsme en angst zijn allemaal zwakheden. Ja, de grondoorzaak van al deze zwakheden is het ego. De geest met al zijn beperkingen en zwakheden staat bekend als het ego.

Vraag: Dus in de grond zegt U dat het werk van een Satguru het werken aan het ego van de leerling is.

Amma: Het werk van een Satguru is de leerling zich laten realiseren hoe onbeduidend dit bekrompen verschijnsel is dat bekend staat als ego. Het ego is als een vlammetje dat brandt door de olie in een klein lampje van aardewerk.

Vraag: Waarom is het belangrijk de onbeduidendheid van het ego te kennen?

Amma: Omdat er niets nieuws of opmerkelijks aan het ego is. Wanneer de schittering van de zon er is, waarom zou men zich dan zorgen maken over dit vlammetje dat ieder moment uit kan gaan?

Vraag: Zou U dat punt nog iets verder uit willen werken?

Amma: Jij bent het geheel, het goddelijke. Daarmee vergeleken is het ego slechts een vlammetje. Dus aan de ene kant verwijdert de Satguru het ego, aan de andere kant schenkt hij je het geheel. Van bedelaar verheft een Satguru je tot de status van keizer, de Keizer van het Universum. De Satguru maakt je van iemand die alleen maar ontvangt, tot iemand die alles geeft aan degenen die hem benaderen.

# De handelingen van een Mahatma

**V**raag Is het waar dat alles wat een Mahatma doet, een bepaalde betekenis heeft?

Amma: Het is beter te zeggen dat alles wat een gerealiseerde ziel doet, een goddelijke boodschap heeft, een boodschap die de diepere principes van het leven overbrengt. Zelfs de schijnbaar zinloze dingen die zij doen, hebben zo'n boodschap.

Er was eens een Mahatma wiens enige werk bestond uit het rollen van grote keien naar de top van een berg. Dat was het enige werk dat hij deed tot aan zijn dood. Het verveelde hem nooit en hij klaagde nooit. De mensen dachten dat hij gek was, maar dat was hij niet. Soms had hij er uren of zelfs dagen voor nodig om een kei zonder hulp helemaal naar de top van de berg te rollen. En als hij erin geslaagd was hem daar te krijgen, liet hij hem naar beneden rollen. Terwijl de Mahatma naar de kei keek die van de top naar de voet van de berg rolde, klapte hij in zijn handen en barstte als een klein kind in lachen uit.

Om vorderingen te maken op welk gebied van activiteit dan ook is veel moed en energie nodig, maar alles vernietigen wat we door hard werken verkregen hebben, is in een handomdraai gebeurd. Dit geldt ook voor deugden. Maar deze Mahatma was helemaal niet gehecht aan de oprechte inspanning die het hem gekost had om deze kei de heuvel op te rollen. Daarom kon hij als een kind lachen: de lach van de hoogste onthechting. Waarschijnlijk zijn dit de lessen die hij iedereen wilde leren.

De mensen interpreteren en beoordelen de handelingen van een Mahatma misschien. Dit komt alleen doordat hun geest niet subtiel genoeg is om beneden de oppervlakte door te dringen. Mensen hebben verwachtingen, maar een echte Mahatma kan aan niemands verwachtingen beantwoorden.

# Amma's omhelzingen maken je wakker

Vraag Als iemand U zou zeggen dat hij hetzelfde kon doen als U, namelijk mensen omhelzen, wat zou U dan antwoorden?

Amma: Dat zou prachtig zijn. De wereld heeft steeds meer harten met compassie nodig. Amma zou blij zijn als iemand anders het als zijn *dharma* (plicht) zou beschouwen de mensheid te dienen door mensen met echte liefde en mededogen te omarmen, omdat één Amma fysiek niet de hele mensheid kan omhelzen. Een echte moeder doet echter nooit uitspraken over de zelfopoffering die zij voor haar kinderen ondergaat.

Vraag: Amma, wat gebeurt er wanneer U mensen omhelst?

Amma: Wanneer Amma mensen omhelst, vindt er niet alleen fysiek contact plaats. De liefde die Amma voor de hele schepping voelt, stroomt naar iedere persoon die naar Haar toe komt. Die zuivere liefdesvibratie zuivert de mensen en dit helpt hen bij hun innerlijk ontwaken en spirituele groei.

Zowel mannen als vrouwen in de wereld van vandaag moeten wakker worden voor moederlijke eigenschappen. Amma's knuffels zijn om de mensen zich bewust te laten worden van deze universele behoefte.

Liefde is de enige taal die elk levend wezen kan begrijpen. Die taal is universeel. Liefde, vrede, meditatie en *moksha* (bevrijding) zijn allemaal universeel.

# Hoe we de wereld tot God maken

Vraag Als man met een gezin heb ik zoveel verantwoordelijkheden en verplichtingen. Wat moet mijn houding zijn?

Amma: Of je nu een gezin hebt of een monnik bent, het belangrijkste is hoe je het leven en de ervaringen die het met zich meebrengt, ziet en daarover nadenkt. Als je houding positief en accepterend is, leef je met God, ook al sta in je in de wereld. Dan wordt de wereld God en ervaar je ieder moment Gods aanwezigheid. Maar een negatieve houding zal je het tegenovergestelde resultaat geven: dan kies je ervoor met de duivel te leven. Iedere oprechte *sadhak* (spirituele aspirant) moet zich richten op het kennen van zijn eigen geest en zijn lagere neigingen, terwijl hij voortdurend probeert die te transcenderen.

Men vroeg een Mahatma eens: "O heilige, weet u zeker dat u naar de hemel zult gaan wanneer u sterft?"

De Mahatma antwoordde: "Ja, natuurlijk."

"Maar hoe weet u dat? U bent niet dood en u weet niet wat God van plan is."

"Kijk eens, het is waar dat ik geen idee heb wat God van plan is, maar ik ken mijn eigen geest. Ik ben steeds gelukkig, waar ik ook ben. Daarom zal ik gelukkig en rustig zijn, zelfs als ik in de hel ben," antwoordde de Mahatma.

Dat geluk en die innerlijke rust is werkelijk de hemel. Alles hangt van je geest af.

## De kracht van Amma's woorden

Ik heb deze ervaring niet één keer, maar wel honderd keer gehad. Stel dat iemand mij een vraag stelt of een ernstig probleem bij mij ter sprake brengt. Ik probeer op een heel beschrijvende en logische manier de vraag te beantwoorden en het probleem aan te pakken.

Zij drukken hun oprechte dank en waardering uit en lopen weg, schijnbaar gelukkig met mijn oplossing, wanneer ik ze met een beetje air van zelfingenomenheid gadesla. Ik zie echter dezelfde persoon kort daarop naar een andere swami gaan en dezelfde vraag stellen: een duidelijke aanwijzing dat ze niet tevreden waren met mijn advies. De persoon blijft lijden.

Uiteindelijk komen ze bij Amma. Amma beantwoordt de vraag op een gelijke manier. Ik bedoel de woorden, soms zelfs de voorbeelden zijn hetzelfde, maar er vindt een plotselinge verandering in de persoon plaats. De schaduw van twijfel, vrees en verdriet is volkomen verdwenen en het gezicht van de persoon straalt. Het maakt echt een groot verschil.

Ik denk altijd: "Wat veroorzaakt het verschil? Amma zegt niets nieuws, maar de uitwerking is enorm."

Neem bijvoorbeeld het volgende voorval: terwijl Amma tijdens een retraite het middageten serveerde, kwam een Indiase dokter die de afgelopen vijfentwintig jaar in Amerika heeft gewoond, naar me toe. Ze zei: "Dit is mijn eerste ontmoeting met Amma. Ik wil graag met u of een andere swami spreken."

De vrouw begon me toen een erg aangrijpend verhaal te vertellen. Een paar jaar geleden ging haar man op pelgrimstocht naar Mount Kailash in de Himalaya's. Daar kreeg hij een hartaanval en stierf ter plekke. De vrouw kon de pijn en het verdriet niet loslaten. Ze zei: "Ik ben boos op God. God is meedogenloos." Ik luisterde met zoveel mogelijk sympathie naar haar verhaal.

Ik sprak met haar en probeerde haar te overtuigen van de spirituele aspecten van de dood en vertelde haar verscheidene voorbeelden van Amma.

Toen ik mijn adviezen afrondde, vertelde ik haar dat haar man zeer fortuinlijk was dat hij zijn laatste adem op de heilige verblijfplaats van Heer Shiva uitgeblazen had. "Hij had een prachtige dood," vertelde ik haar.

Toen de dame ten slotte vertrok, zei ze: "Heel erg bedankt, maar ik voel nog steeds veel pijn."

De volgende morgen kwam de vrouw voor Amma's darshan. Voordat ik iets van haar verhaal aan Amma kon vertellen, keek Amma haar diep in de ogen en vroeg in het Engels: "Bedroefd?"

Amma voelde duidelijk haar diep verdriet. Terwijl ik haar

verhaal aan Amma vertelde, hield Amma de vrouw met heel veel warmte dicht tegen zich aan. Na een paar ogenblikken hief Amma zachtjes het gezicht van de vrouw op en keek opnieuw diep in haar ogen. "De dood is niet het einde. Het is geen volledige vernietiging. Het is het begin van een nieuw leven," zei Ze. "Je man had geluk. Amma ziet dat hij gelukkig en in rust is. Wees daarom niet bedroefd."

De vrouw hield plotseling op met huilen en haar gezicht drukte zo veel innerlijke rust uit.

Die avond zag ik haar opnieuw. Ze zag er zo opgelucht uit. De vrouw zei: "Ik voel me nu zo rustig. Amma heeft me echt gezegend. Ik weet niet hoe Ze zo plotseling al mijn droefheid weg kon nemen."

Met dit in mijn gedachten stelde ik Amma later de volgende vraag: "Amma, hoe komt het dat Uw woorden zo'n grote transformatie tot stand brengen? Waarom gebeurt er niet hetzelfde wanneer wij spreken?"

"Omdat jullie met de wereld 'getrouwd' zijn en gescheiden van het goddelijke."

"Amma, de geest zoekt naar meer uitleg. Wilt U dus zo vriendelijk zijn er wat meer op in te gaan?"

"Getrouwd met de wereld betekent 'geïdentificeerd met de geest,' wat resulteert in gehechtheid aan de gevarieerde wereld en zijn objecten. Dit houdt je op een afstand of gescheiden van je innerlijke goddelijke aard.

Het is als een toestand van hypnose. Wanneer we uit de hypnose van de geest komen, vindt er innerlijk een scheiding plaats. In die toestand kun je nog steeds in de wereld functioneren, maar je innerlijke huwelijk of eenheid met het goddelijke laat je de onechte, veranderlijke aard van de wereld zien. Daarom blijf je onaangeraakt of onthecht. Je bent niet langer gehypnotiseerd door de wereld en zijn objecten. Dit is werkelijk de hoogste staat van Zelfrealisatie. Het is de realisatie dat deze eenheid, of dit huwelijk met de wereld niet waarachtig is. De waarheid ligt in het zich opnieuw verenigen met het goddelijke en er eeuwig mee verbonden blijven. De *gopi's* (vrouwen van de koeienherders) in Vrindavan beschouwden zich als de bruid van Heer Krishna. Innerlijk waren zij met Hem, het goddelijke, getrouwd en zij bleven gescheiden van de wereld."

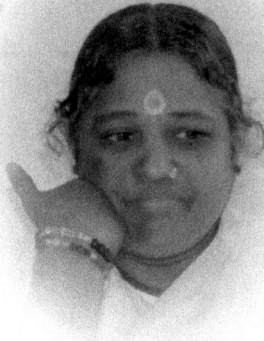

# Wetenschappers en heiligen

Tegen een toegewijde die een vraag over ongelovigen stelde:

Amma: Geloven we de wetenschappers niet wanneer zij over de maan en Mars spreken? Maar hoeveel van ons kunnen echt bevestigen dat wat zij zeggen waar is? Toch vertrouwen we op de woorden van de wetenschappers en de astronomen, nietwaar? Zo ook hebben de heiligen en zieners uit het verleden jarenlang experimenten in hun innerlijke laboratoria verricht en de hoogste waarheid gerealiseerd, die de basis van het universum is. Net zoals we op de woorden vertrouwen van wetenschappers die over feiten spreken die ons onbekend zijn, moeten we vertrouwen hebben in de woorden van de Grote Meesters die over de Waarheid spreken waarin zij gevestigd zijn.

# Hoe overschrijden we gedachten?

Vraag Amma, het lijkt erop dat er geen einde aan gedachten komt. Hoe meer we mediteren, hoe meer gedachten er komen. Waarom is dat zo? Hoe elimineren we deze gedachten en overschrijden we ze?

Amma: Gedachten, die de geest vormen, zijn in werkelijkheid levenloos. Ze ontlenen hun kracht aan de Atman. Onze gedachten zijn onze eigen creatie. We maken ze echt door met ze mee te werken. Als we onze steun intrekken, zullen ze oplossen. Neem de gedachten nauwkeurig waar zonder er een etiket op te plakken. Dan zul je zien dat ze geleidelijk verdwijnen.

De geest heeft eeuwenlang gedachten en verlangens verzameld – door de verschillende lichamen waarin je geboren bent. Al deze emoties liggen diep in je begraven. Wat je aan de oppervlakte van de geest ziet of ervaart, is slechts een klein deel van de verborgen lagen die in je sluimeren. Wanneer je de geest door meditatie stil probeert te maken, zullen deze gedachten langzaam aan de oppervlakte komen. Het is alsof je een vloer probeert schoon te maken die lange tijd niet gewassen is. Wanneer we met het schoonmaken beginnen, komt er meer vuil naar de oppervlakte naarmate we langer wassen omdat de vloer jarenlang vuil verzameld heeft.

Dit geldt ook voor de geest: vroeger besteedden we nooit aandacht aan de verschillende gedachten die door onze geest stroomden. Zoals de vuile vloer heeft ook de geest heel lang gedachten, verlangens en emoties verzameld. We zijn ons alleen bewust van die aan de oppervlakte, maar onder het oppervlak bevinden zich talloze lagen van gedachten en emoties. Net zoals er meer vuil aan de oppervlakte komt bij het schoonmaken van de vloer, worden er meer gedachten merkbaar wanneer onze meditatie dieper wordt. Blijf schoonmaken en ze zullen verdwijnen.

In feite is het goed als ze naar boven komen, omdat het gemakkelijker is ze te verwijderen als je ze ziet en herkent. Verlies je geduld niet. Houd vol en blijf je *sadhana* (spirituele oefeningen) doen. Te zijner tijd zul je de kracht krijgen om ze te boven te komen.

# Geweld, oorlog en de oplossing

Vraag Wat kunnen de mensen doen om een einde te maken aan oorlog en lijden?

Amma: Heb meer mededogen en meer begrip.

Vraag: Dat is misschien geen onmiddellijke oplossing.

Amma: Een onmiddellijke en snelwerkende oplossing is bijna onmogelijk. Het uitvoeren van een programma met een tijdschema hoeft ook niet te werken.

Vraag: Maar dat is niet wat de vredelievende mensen in de wereld willen. Ze willen een snelwerkende oplossing.

Amma: Dat is prima. Laat dat verlangen om een snelle oplossing te vinden blijven toenemen totdat het een intens verlangen wordt. Alleen uit dat diepe verlangen zal zich een snelle oplossing ontwikkelen.

Vraag: Veel spiritueel georiënteerde mensen zijn van mening dat geweld of oorlog in de wereld slechts een manifestatie is van het geweld in ons. Wat vindt U daarvan?

Amma: Dat is waar. Eén ding moeten we echter begrijpen, dat vrede en geluk evenzeer een deel van de menselijk geest zijn als geweld. Als mensen echt willen, kunnen ze vrede zowel in als buiten zichzelf vinden. Waarom zijn mensen meer gericht op het agressieve en destructieve aspect van de geest? Waarom zien ze de oneindige compassie en creatieve hoogtepunten die diezelfde geest kan bereiken, volledig over het hoofd?

Uiteindelijk zijn alle oorlogen alleen het verlangen van de geest om zijn innerlijk geweld uit te drukken. De geest heeft een primitief, onontwikkeld of onderontwikkeld aspect. Oorlog is het resultaat van dat primitieve deel van de geest. De oorlogszuchtige aard van de geest is eenvoudig een voorbeeld dat bewijst dat we onze primitieve geest nog niet ontgroeid zijn. Als we dit deel niet transcenderen, zullen oorlog en conflicten blijven bestaan in de maatschappij. Het zoeken naar de juiste manier om dit aspect van de geest te overwinnen en dit in praktijk brengen is de meest geschikte en gezonde benadering van de kwestie van oorlog en geweld.

Vraag: Is die manier spiritualiteit?

Amma: Ja, die manier is spiritualiteit: het transformeren van ons denkproces en het overwinnen van onze psychische zwakheden en beperkingen.

Vraag: Denkt U dat mensen van alle religies dit zullen accepteren?

Amma: Of ze het accepteren of niet, het is de waarheid. Alleen wanneer religieuze leiders het initiatief nemen om de spirituele principes van hun religie te propageren, zal de huidige situatie veranderen.

Vraag: Amma, denkt U dat het fundamentele principe van alle religies spiritualiteit is?

Amma: Dit is niet een gedachte van Amma, het is Haar vaste overtuiging. Het is de waarheid.

Religie en de essentiële principes ervan worden niet juist begrepen. In feite zijn ze zelfs verkeerd geïnterpreteerd. Iedere religie in de wereld heeft twee aspecten: het uiterlijke en het innerlijke. Het uiterlijke aspect is de filosofie of het intellectuele gedeelte en het innerlijke is het spirituele deel. Degenen die te gehecht raken aan de buitenkant van religie, worden misleid. Religies zijn een aanwijsstok. Zij wijzen naar een doel en het doel is spirituele realisatie. Om dat doel te bereiken moet men de aanwijsstok, dat wil zeggen de woorden, transcenderen.

Je moet bijvoorbeeld een rivier oversteken. Je moet daarvoor een veerboot gebruiken. Als je echter de overkant bereikt hebt, moet je uitstappen en verdergaan. Als je daarentegen koppig zegt: "Ik hou zoveel van deze boot. Ik wil niet uitstappen. Ik wil hier blijven," dan zul je de overkant niet bereiken. Religie is de boot. Gebruik die om de oceaan van misverstanden en misvattingen over het leven over te steken. Zonder dit te begrijpen en in de praktijk te brengen, zal er geen echte vrede komen, niet uiterlijk en niet innerlijk.

Religie is als een hek dat een jong boompje tegen dieren beschermt. Als het eenmaal een grote boom geworden is, heeft hij geen hek meer nodig. We kunnen dus zeggen dat religie als het hek is en realisatie als de boom.

Iemand wijst naar een vrucht aan een boom. Je kijkt naar het puntje van zijn vinger en dan verder. Als je niet voorbij de vingertop kijkt, zul je de vrucht niet bemachtigen. In de wereld van vandaag missen de mensen van alle religies de vrucht. Ze zijn te gehecht aan en zelfs geobsedeerd door de vingertoppen, dat wil zeggen de woorden en uiterlijke aspecten van hun religie.

Vraag: Denkt U dat er hierover niet voldoende bewustzijn in de samenleving is?

Amma: Er wordt hard aan gewerkt om dit bewustzijn te creëren, maar de intensiteit van de duisternis is zo sterk dat we wakker moeten worden en harder moeten werken. Natuurlijk zijn er individuen en organisaties die betrokken zijn bij het scheppen van dit bewustzijn, maar het doel zal niet bereikt worden door alleen maar conferenties en vredesonderhandelingen te organiseren. Echt bewustzijn komt alleen door een meditatief leven. Het is iets wat van binnen moet gebeuren. Alle organisaties en individuen die actief betrokken zijn bij het tot stand brengen van een vreedzame wereld zonder oorlog, moeten dit punt benadrukken. Vrede is niet het resultaat van intellectuele oefening. Het is een gevoel, beter gezegd een opengaan dat in ons plaatsvindt, als wij onze energie door de juiste kanalen leiden. Dat wordt door meditatie tot stand gebracht.

Vraag: Hoe zou U de huidige stand van zaken in de wereld omschrijven?

Amma: In de baarmoeder van de moeder heeft de foetus in het begin de vorm van een vis. Op het laatst ziet hij er bijna als een aap uit. Hoewel we er aanspraak op maken dat we beschaafde mensen zijn die grote vorderingen gemaakt hebben op het gebied van de wetenschap, tonen veel van onze handelingen dat we inwendig nog pas in dat laatste stadium in de baarmoeder zijn.

Eigenlijk wil Amma zeggen dat de menselijke geest veel verder gevorderd is dan die van een aap. Een aap kan alleen van de ene tak naar de andere springen, van de ene boom naar de andere, maar de menselijke apengeest kan veel grotere sprongen maken. Hij kan vanhier overal heen springen, naar de maan en naar de toppen van de Himalaya's, en van het heden naar het verleden en de toekomst.

Alleen een innerlijke verandering die gebaseerd is op een spirituele zienswijze, zal vrede brengen en een einde aan het lijden maken. De meeste mensen zijn vasthoudend in hun houdingen. Hun slogan is: "Alleen als jij verandert, zal ik veranderen." Daar heeft niemand iets aan. Als jij eerst verandert, zal de ander automatisch ook veranderen.

# Christus en het christendom

Vraag Ik ben van afkomst christen. Ik houd van Christus, maar ik houd ook van Amma. U bent mijn Guru. Mijn dilemma is dat mijn twee zonen, die vurige aanhangers van de kerk en van Jezus zijn, alleen maar daarin geloven. Ze blijven me vertellen: "Mam, we zijn bedroefd omdat we je niet in de hemel zullen zien, want je zult naar de hel gaan door Christus niet te volgen." Ik probeer met hen te praten, maar zij willen niet luisteren. Amma, wat moet ik doen?

Amma: Amma begrijpt hun geloof in Christus volkomen. Amma heeft oprechte waardering en groot respect voor mensen die diep vertrouwen in hun godsdienst en hun persoonlijke God hebben. Het is echter volledig onjuist en onlogisch te zeggen dat alle mensen die niet in Christus geloven, naar de hel zullen gaan. Toen Christus zei: "Houd van je naaste zoals je van jezelf houdt," bedoelde hij niet: "Houd alleen van christenen," nietwaar? Als we zeggen: "Alle mensen behalve christenen zullen naar de hel gaan," dan hebben we geen consideratie met anderen door een totaal gebrek aan liefde. Dit is een leugen. Liegen is tegen God. Goddelijkheid of vroomheid betekent de waarheid spreken, omdat God Waarheid is. God betekent consideratie met iedereen hebben en van iedereen houden.

Een bewering als: "Jullie zullen allemaal naar de hel gaan omdat jullie Christus niet volgen" geeft blijk van een totaal gebrek aan respect en vriendelijkheid jegens de rest van de mensheid. Wat een hooghartige en wrede houding is het te zeggen dat alle grote heiligen, wijzen en de miljarden mensen die voor Christus leefden, naar de hel gingen. Beweren deze mensen dat de ervaring van God slechts 2000 jaar oud is, of bedoelen ze dat zelfs God maar 2000 jaar oud is? Dat gaat tegen de aard van God in die alomtegenwoordig en voorbij ruimte en tijd is.

Jezus was God gemanifesteerd in een menselijke vorm. Amma heeft er absoluut geen probleem mee dat te accepteren. Dit betekent echter niet dat alle grote incarnaties voor en na hem geen *Avatars* (God neergedaald in een menselijke vorm) zijn of niet in staat zijn degenen te redden die vertrouwen in hen hebben.

Heeft Christus niet gezegd: "Het koninkrijk Gods is in u"? Dit is zo'n eenvoudige en ongekunstelde uitspraak. Wat betekent het? Het betekent dat God in je verblijft. Als de hemel in je is, dan is de hel ook in je. Het is je geest. De geest is een zeer effectief instrument. We kunnen hem gebruiken om zowel de hemel als de hel te scheppen.

Alle Mahatma's, inclusief Christus, hechten grote waarde aan liefde en mededogen. In werkelijkheid zijn liefde en mededogen de fundamentele principes van alle authentieke religies. Deze goddelijke eigenschappen dienen als de basis voor alle religies. Als men zuiver bewustzijn niet als het essentiële principe accepteert dat ten grondslag aan alles ligt, kan men niet liefhebben en meedogend voor anderen zijn. Zeggen: "Ik houd van je, maar alleen als je christen bent," is als zeggen: "Alleen christenen hebben bewustzijn, alle andere mensen zijn levenloze objecten." Bewustzijn ontkennen is liefde en Waarheid ontkennen.

Dochter, wat betreft jouw houding tegenover de situatie, Amma denkt niet dat het gemakkelijk zal zijn de manier waarop je kinderen denken, te veranderen. En het is ook niet nodig. Laat hen hun geloof volgen. Volg je hart en ga stil door met wat je denkt dat juist is. Per slot van rekening is het het diepe gevoel in je hart dat van belang is.

Wees een goede christen, hindoe, boeddhist, jood of moslim, maar verlies je onderscheidingsvermogen nooit en wordt geen krankzinnige in de naam van religie.

## Initiatie met een Christusmantra

Een jonge christen vroeg Amma om een mantra. "Wie is je geliefde godheid?" vroeg Amma hem.

"Dat is aan U, Amma. Welke god U ook kiest, die mantra zal ik herhalen," zei hij.

Amma antwoordde: "Nee, Amma weet dat je geboren en opgevoed bent als christen, dus die *samskara* (overheersende aanleg, geërfd uit dit en vorige levens) is diep in je geworteld."

Na een ogenblik nadenken zei de jongeman: "Amma, als U wilt dat ik de godheid kies, initieer me dan alstublieft met een Kalimantra."

Amma wees zijn verzoek vol liefde af en zei: "Kijk, Amma weet dat je probeert het Haar naar de zin te maken. Voor Amma maakt het niet uit of je een Kalimantra of Christusmantra herhaalt. Wees eerlijk tegenover jezelf en wees open tegenover Amma. Die houding maakt Amma echt gelukkig."

"Maar Amma, ik herhaal de *Mrityunjaya*-mantra en andere hindoegebeden," zei hij om te proberen Amma te overtuigen.

Amma antwoordde: "Dat mag zo zijn, maar je moet een Christusmantra herhalen, omdat dat je overheersende samskara is. Als je andere mantra's herhaalt, zul je op den duur problemen krijgen om dat vol te houden. Er zullen dan zeker tegenstrijdige gedachten ontstaan."

Maar de jongeman was onvermurwbaar. Hij wilde dat Amma of een mantra voor hem koos of hem met een Kalimantra initieerde. Uiteindelijk zei Amma: "Okay mijn zoon, doe het volgende: zit rustig en mediteer een tijdje. Laten we kijken wat er gebeurt."

Toen hij een paar minuten later uit zijn meditatie gekomen was, vroeg Amma hem: "Vertel Amma nu wie je geliefde godheid is." De jongeman glimlachte alleen. Amma vroeg hem: "Christus, nietwaar?" De jongen antwoordde: "Ja Amma, U hebt gelijk en ik heb ongelijk."

Amma zei hem: "Amma ziet geen verschil tussen Christus, Krishna en Kali. En hoewel je in je bewuste geest geen verschil voelt, voel je onbewust een verschil. Amma wilde dat je dat besefte en het accepteerde. Daarom vroeg Ze je te mediteren."

De jongeman was gelukkig en Amma initieerde hem met een Christusmantra.

## Misleide zoekers en de uitweg

Vraag Amma, er zijn mensen die lange tijd intense spirituele oefeningen gedaan hebben, maar zij zijn ook erg misleid. Sommigen van hen beweren zelfs dat zij de reis voltooid hebben. Hoe kunnen we zulke mensen helpen?

Amma: Hoe kan iemand hen helpen als zij de noodzaak daarvan niet inzien? Om uit het duister van waanideeën te komen moet men eerst weten dat men in het duister is. Het is een ingewikkelde mentale toestand. Deze kinderen zitten daar vast en vinden het moeilijk de waarheid te accepteren. Hoe kan men ergens aanspraak op maken, wat deze kinderen doen, als men volledig vrij is van alle vormen van ego?

Vraag: Hoe komt het dat ze zich zo hebben laten misleiden?

Amma: Door hun verkeerde opvatting over spiritualiteit en Zelfonderzoek.

Vraag: Kunnen zij gered worden?

Amma: Alleen als zij gered willen worden.

Vraag: Kan Gods genade hen niet redden?

Amma: Natuurlijk, maar staan zij open voor die genade?

Vraag: Genade en mededogen zijn onvoorwaardelijk. Open zijn is een voorwaarde, is het niet?

Amma: Openheid is geen voorwaarde. Het is een noodzaak, even onmisbaar als eten en slapen.

# De hulp van een echte Meester
## om de reis te voltooien

Vraag Sommige mensen zijn van mening dat de leiding van een Guru niet nodig is om Godrealisatie te bereiken. Amma, hoe denkt U hierover?

Amma: Iemand die fysiek blind is, ziet overal duisternis. Dus zoekt hij hulp. Maar hoewel de mensen spiritueel blind zijn, begrijpen ze dat niet. En zelfs als ze het begrijpen, accepteren ze het niet. Daarom is het voor hen moeilijk om leiding te zoeken.

Mensen hebben verschillende meningen en ze hebben de vrijheid om die uit te drukken. Zij die een scherp intellect hebben, kunnen veel dingen bewijzen of weerleggen, maar hun beweringen hoeven niet per se waar te zijn. Hoe intellectueler je bent, des te egoïstischer ben je. Voor zo iemand is overgave niet zo gemakkelijk. De ervaring van God zal pas realiteit worden wanneer men het ego opgeeft. Mensen die erg aan hun ego gehecht zijn, zullen veel manieren vinden om hun egoïstische daden te rechtvaardigen. Als iemand beweert dat de leiding van een Guru op weg naar God niet nodig is, denkt Amma dat zo iemand bang is zijn ego op te geven. Of misschien verlangt hij er zelf naar Guru te zijn.

Hoewel onze ware aard goddelijk is, zijn we al zo lang met de wereld van namen en vormen geïdentificeerd, dat we denken dat ze echt zijn. Nu moeten we die identificatie opgeven.

# Het geschenk van een onschuldig hart

Een klein meisje dat naar de darshan kwam, bood Amma een prachtige bloem aan. Ze zei: "Amma, deze komt uit onze tuin thuis."

Amma antwoordde: "Echt waar? Hij is mooi." Amma nam de bloem van het meisje aan en bracht hem nederig naar Haar hoofd, alsof Ze ervoor boog.

"Heb je hem zelf geplukt?" vroeg Amma. Het meisje knikte van ja.

De moeder van het meisje legde uit dat haar dochter zo opgewonden was toen ze haar vertelde dat ze naar Amma gingen, dat ze de tuin in holde en met de bloem terugkwam. Er zaten inderdaad nog een paar dauwdruppeltjes op de bloem. "Ze liet me de bloem zien en zei: 'Mamma, deze bloem is even mooi als Amma.'"

Het meisje zat op Amma's schoot. Plotseling omhelsde ze Amma stevig en gaf Haar op beide wangen een zoen. Ze zei: "Ik houd zoveel van je, Amma." Amma gaf verscheidene kussen terug en antwoordde: "Mijn kind, Amma houdt ook veel van jou."

Toen Amma het kind blij naast haar moeder zag dansen toen ze terug naar hun zitplaats gingen, zei Ze: "Onschuld is prachtig en hartveroverend."

# Een directe verbinding met God

In de vraag en antwoordsessie tijdens een van Amma's retraites zei een toegewijde op bezorgde toon: "Amma, zoveel duizenden mensen bidden tot U. Het ziet ernaar uit dat bijna alle lijnen bezet zullen zijn wanneer ik om hulp vraag. Heeft U suggesties voor me?"

Toen Amma de vraag hoorde, lachte Ze hartelijk en antwoordde: "Maak je geen zorgen, mijn zoon. Je hebt een directe verbinding." Amma's antwoord veroorzaakte een uitgelaten gelach. Ze ging verder: "In feite heeft iedereen een directe verbinding met God. De kwaliteit van de lijn hangt echter af van de vurigheid van je gebed."

## Als een stromende rivier

Vraag Amma, U doet alsmaar hetzelfde werk, dag in dag uit, jaar in jaar uit. Verveelt het U nooit om onafgebroken mensen darshan te geven?

Amma: Als de rivier er genoeg van heeft te stromen, als de zon er genoeg van heeft te schijnen en als de wind er genoeg van heeft te waaien, dan heeft Amma er ook genoeg van.

Vraag: Amma, waar U ook bent, U wordt altijd door mensen omringd. Voelt U geen behoefte aan een beetje vrijheid en eenzaamheid?

Amma: Amma is altijd vrij en alleen.

# Vedische klanken en mantra's

**V**raag De oude *rishi's* (wijzen) staan bekend als *mantra drishta's* (zij die de mantra's gezien hebben). Betekent dat dat zij de zuivere klanken en mantra's gezien hebben?

Amma: 'Gezien' betekent 'van binnen waargenomen' of ervaren. Mantra's kunnen alleen van binnen ervaren worden. De vedische klanken en mantra's waren er al in het universum, in de atmosfeer. Wat doen wetenschappers wanneer zij iets uitvinden? Ze brengen een feit dat zo lang verborgen is geweest, aan het licht. We kunnen het geen nieuwe uitvinding noemen, ze onthullen het alleen.

De enige verschillen tussen wetenschappelijke uitvindingen

en mantra's zijn de subtielere niveaus. De rishi's maakten door strenge ascese hun innerlijke instrument helder en volledig zuiver. Daardoor daagden deze universele klanken automatisch in hen.

We weten hoe klanken en beelden in de vorm van trillingen vanaf een radio- of tv-station door de lucht reizen. Ze blijven altijd in de atmosfeer. Maar om ze te zien en te horen moeten we ons instrument, de radio of tv, erop afstemmen. Op dezelfde manier zullen deze goddelijke klanken zich openbaren aan hen die een heldere en zuivere geest hebben. Het uiterlijk oog kan ze niet waarnemen. Alleen door een derde oog of innerlijk oog te ontwikkelen zullen we deze klanken kunnen ervaren.

Welke klank het ook is, leer hem zo diep mogelijk te voelen. Het voelen van de klank, niet enkel het horen van de klank, is wat echt van belang is. Voel je gebeden, voel je mantra en je zult God voelen.

Vraag: Hebben mantra's een betekenis?

Niet op de manier die je denkt of verwacht. Mantra's zijn de zuiverste vorm van universele trillingen oftewel *shakti* (goddelijke energie) waarvan de rishi's de diepte ervoeren in hun diepe meditatie. Een mantra is de kracht van het universum in zaadvorm. Daarom staan zij bekend als *bijakshara's* (zaad- of kiemletters). Toen zij deze ervaring ondergaan hadden, boden zij deze zuivere klanken aan de mensheid aan. Het in woorden vatten van een ervaring, vooral van de allerdiepste ervaring, is echter niet zo gemakkelijk. Dus de mantra's die we hebben, zijn de klanken die de universele klank het dichtst benaderen en die de meedogende rishi's verbaal konden creëren voor het welzijn van de wereld. Maar het feit blijft dat de volheid van een mantra alleen ervaren kan worden, wanneer je geest volmaakte zuiverheid ervaart.

# Er ontbreekt iets

Vraag Amma, zoveel mensen zeggen dat er ondanks al hun materiële comfort iets in hun leven ontbreekt. Waarom vinden ze dat?

Amma: Het leven geeft verschillende ervaringen en situaties aan verschillende mensen overeenkomstig hun *karma* (handelingen) uit het verleden en de manier waarop ze in het heden leven en handelen. Wie je ook bent en wat voor materiële hoogtepunten je ook bereikt, alleen leven en denken in overeenstemming met *dharma* zal je helpen perfectie en geluk in het leven te verwerven. Als je rijkdom en verlangens niet gebruikt worden in overeenstemming met het hoogste dharma, dat wil zeggen met het bereiken van *moksha* (bevrijding), zul je nooit innerlijke rust hebben. Je zult altijd het gevoel hebben 'ik mis iets'. Dat wat ontbreekt is innerlijke rust, vervulling en tevredenheid. En dit gebrek aan echte vreugde creëert een leegte die onmogelijk gevuld kan worden door het toegeven aan genietingen en het vervullen van materiële verlangens.

Mensen over de hele wereld denken dat zij dit gat kunnen opvullen door hun verlangens te vervullen. Dat gat zal blijven en kan zelfs groter worden als zij alleen wereldse objecten achterna blijven hollen.

Dharma en moksha zijn van elkaar afhankelijk. Iemand die volgens de principes van dharma leeft, zal moksha bereiken en iemand die het verlangen heeft om moksha te bereiken, zal steevast een leven in overeenstemming met dharma leiden.

Als geld en rijkdom onjuist en dom gebruikt worden, kunnen zij grote obstakels worden. Het zijn hindernissen voor hen die zich spiritueel willen ontwikkelen. Hoe meer geld je hebt, des te groter de kans dat je geobsedeerd wordt door je lichaam. Hoe meer je je met je lichaam identificeert, des te egoïstischer word je. Geld is geen probleem, maar domme gehechtheid eraan is wel een probleem

# De wereld en God

Vraag Wat is het verband tussen de wereld en God, geluk en verdriet?

Amma: In feite is de wereld nodig om God te kennen of echt geluk te ervaren. In de klas schrijft de leraar op het zwarte schoolbord met een wit krijtje. De zwarte achtergrond zorgt voor het contrast met de witte letters. Op dezelfde manier is de wereld voor ons de achtergrond om onze zuiverheid te kennen en ons van onze ware aard, die eeuwig geluk is, bewust te worden.

Vraag: Amma, is het waar dat alleen mensen zich ongelukkig of ontevreden voelen, dat dieren dat niet kunnen?

Amma: Niet echt. Dieren hebben ook gevoelens van verdriet en ontevredenheid. Zij ervaren verdriet, liefde, kwaadheid en andere emoties, maar ze voelen die niet zo diep als mensen. Mensen zijn meer ontwikkeld en dus voelen zij het meer diepgaand.

Eigenlijk tonen diepe gevoelens van verdriet het vermogen om naar het andere uiterste van gelukzaligheid te gaan. Uit dat gevoel van diep verdriet en pijn kunnen we genoeg kracht verzamelen om het pad van Zelfonderzoek op te gaan. Het is gewoon een kwestie van het sturen van onze *shakti* (vitale kracht) met meer onderscheidingsvermogen.

Vraag: Amma, hoe kunnen we onze shakti met meer onderscheidingsvermogen gebruiken?

Amma: Alleen dieper inzicht zal ons helpen dat te doen. Stel dat we aan een begrafenisceremonie deelnemen of een ziek, ouder iemand bezoeken die volledig bedlegerig is. We zullen ons zeker verdrietig voelen. Maar tegen de tijd dat we weer thuis zijn en met ons werk bezig zijn, zijn we ze vergeten en zijn we verdergegaan. Het tafereel heeft niet het binnenste in ons hart geraakt. Het is niet diep gegaan. Maar als je echt na kunt denken over zulke ervaringen met de gedachte "Hetzelfde zal mij vroeg of laat overkomen. Ik moet de oorzaak van al dit verdriet onderzoeken en me voorbereiden voordat het te laat is," dan zullen ze geleidelijk je leven veranderen en je naar de diepere mysteries van het universum leiden. Geleidelijk zul je de bron van alle vreugde vinden als je serieus en oprecht bent.

*Toen Amma aan het praten was, begon er plotseling een kind te huilen, dat behaaglijk bij haar moeder op schoot zat. Amma riep: "Baby...baby...baby" en vroeg waarom het kind huilde. De moeder hield haar fopspeen omhoog en zei: "Ze heeft dit verloren." Iedereen lachte. Toen stopte de moeder de fopspeen terug in de mond van het kind en het hield op met huilen.*

Amma: Het kleine meisje verloor haar geluk. Dat was een goede illustratie van het punt dat we probeerden duidelijk te maken. De fopspeen is een illusie, evenals de wereld. Hij voedt het kind niet, maar laat het ophouden met huilen. Dus kunnen we zeggen dat hij een doel heeft, bij wijze van spreken. Op dezelfde manier voedt de wereld de ziel niet echt, maar hij heeft een doel, namelijk ons aan de Schepper, of God, herinneren.

Vraag: Men zegt dat men immense pijn en verdriet mee moet maken voordat men de realisatie van het Zelf bereikt. Is deze bewering juist?

Amma: Ook in andere opzichten is er verdriet en lijden in het leven. Spiritualiteit is geen reis vooruit. Het is een reis terug. We keren terug naar onze oorspronkelijke bron van bestaan. Bij dat proces moeten we door de lagen van emoties en *vasana's* (neigingen) gaan die we tot nu toe verzameld hebben. Daar komt de pijn vandaan, niet van buiten. Door met een open houding door die lagen te gaan overschrijden en transcenderen we ze, wat ons uiteindelijk naar het verblijf van de hoogste vrede en gelukzaligheid zal leiden.

Voordat men de top van een berg bereikt, moet men in het dal aan de voet van de berg zijn, het andere uiterste. Op dezelfde manier is, voordat men het hoogtepunt van geluk bereikt, de ervaring van het andere uiteinde, dat wil zeggen verdriet, onvermijdelijk.

Vraag: Waarom is het onvermijdelijk?

Amma: Zolang de identificatie met het ego bestaat en zolang men voelt "Ik ben gescheiden van God," zal er pijn en verdriet zijn. Nu sta je aan de voet van de berg. Voordat je ook maar kunt beginnen met het beklimmen van de berg, moet je je gehechtheid aan het dal en alles wat je daar bezit, opgeven. Pijn is alleen onvermijdelijk als je het halfslachtig doet. Anders is er geen pijn. Wanneer men die gehechtheid opgeeft, wordt de pijn een intens verlangen, het verlangen om de hoogten van eeuwige eenheid te bereiken. De echte vraag is hoeveel mensen die gehechtheid van ganser harte op kunnen geven.

*De toegewijde was een paar momenten in gedachten verzonken. Amma merkte zijn stilte op en tikte op zijn hoofd. Ze zei: "Als je de trommel van het ego stemt, laat er dan aangename geluiden uit komen." De toegewijde barstte spontaan in lachen uit.*

Amma: Amma heeft een verhaal gehoord. Er was eens een rijke man die alle belangstelling voor het wereldse leven verloor en een nieuw leven vol rust en stilte wilde beginnen. Hij had alles wat er voor geld te koop was, maar toch bleek het leven voor hem volkomen zinloos te zijn. Dus besloot hij de leiding van een Spirituele Meester te zoeken. Voordat de man zijn huis verliet, dacht hij: "Wat ga ik met al dit geld doen? Ik zal alles aan de Meester aanbieden en het vergeten. Waar ik werkelijk naar verlang is echt geluk." Dus deed de rijke man alle gouden munten die hij had in een zak en droeg die met zich mee.

Na een reis van een hele dag vond de man de Meester zittend onder een boom aan de rand van een dorp. Hij plaatste de zak met geld voor de Meester en boog voor hem, maar toen hij zijn hoofd ophief, zag hij tot zijn verbazing de Meester wegrennen met de zak geld. Totaal in verwarring en geschrokken van het vreemde gedrag van de Guru rende de rijke man hem achterna zo snel als zijn benen hem konden dragen. De Meester rende sneller: over velden, heuvels op en af, hij sprong over beekjes, vertrapte struiken en ging door straten. Het werd donker. De Meester kende de nauwe, kronkelende paden en straatjes van het dorp zo goed dat de rijke man grote moeite had hem bij te houden.

Uiteindelijk gaf de rijke man alle hoop op en keerde terug naar dezelfde plaats waar hij de Meester eerst ontmoet had. En daar lag zijn zak met geld en verborgen achter de boom was de Meester. Toen de rijke man begerig zijn kostbare zak geld greep, gluurde de Meester van achter de boom en zei: "Vertel me eens hoe je je nu voelt."

"Ik ben gelukkig, zeer gelukkig. Het is het gelukkigste moment in mijn leven."

"Dus," zei de Guru, "om echt geluk te ervaren moet men ook het andere uiterste meemaken."

Kinderen, jullie kunnen in de wereld rondzwerven en de diverse objecten achternahollen, maar echt geluk zal er niet zijn als je niet terugkeert naar de bron vanwaar je oorspronkelijk vertrok. Dit is de moraal van het verhaal.

Vraag: Amma, ik heb gehoord dat men echt geluk niet kan vinden tenzij men helemaal ophoudt met zoeken. Hoe verklaart U dit?

Amma: 'Helemaal ophouden met zoeken' betekent dat het zoeken van geluk in de buitenwereld moet ophouden, omdat wat je zoekt in je is. Houd op met het achternarennen van de objecten van de wereld en keer je naar binnen. Daar zul je vinden wat je zoekt.

Je bent zowel de zoeker als het gezochte. Je zoekt naar iets wat je al hebt. Buiten kan het niet gevonden worden. Daarom zal al het zoeken van geluk buiten resulteren in mislukking en frustratie. Het is als een hond die zijn eigen staart achternazit.

# Oneindig geduld

Er is een man van achter in de vijftig die sinds 1988 een regelmatige bezoeker van Amma's programma's in New York is. Ik kan hem niet vergeten, omdat hij altijd dezelfde vragen voor Amma heeft. En bijna iedere keer ben ik uiteindelijk de vertaler. Jaar in jaar uit heeft de man de volgende drie vragen gesteld zonder ze ook maar een keer te herformuleren.

1. Kan Amma me onmiddellijk Zelfrealisatie geven?
2. Wanneer zal ik met een mooie vrouw trouwen?
3. Hoe kan ik snel geld verdienen en rijk worden?

Toen ik hem in de darshanrij aan zag komen, merkte ik gekscherend op: "De haperende grammofoonplaat komt er aan."

Amma had meteen door over wie ik het had. Ze keek me streng aan en zei: "Spiritualiteit is het aanvoelen en deelnemen aan de problemen en pijn van anderen. Men moet op zijn minst een volwassen intellectuele benadering hebben van mensen die in zulke problemen en situaties zitten. Als je niet het geduld hebt om naar hen te luisteren, ben je niet geschikt om Amma's vertaler te zijn."

Ik vroeg Amma oprecht om vergeving voor mijn bevooroordeelde houding en woorden. Ik twijfelde er echter nog steeds aan of Amma zijn vraag voor de vijftiende keer wilde horen.

"Moet ik zijn vragen opnemen?" vroeg ik Amma.

"Natuurlijk, waarom vraag je dat?"

Inderdaad waren het dezelfde drie vragen. En ik werd opnieuw vervuld van ontzag en verbazing toen ik Amma naar hem zag luisteren en hem advies zag geven, alsof Ze deze vragen voor de eerste keer hoorde.

Vraag: Kan Amma mij onmiddellijk Zelfrealisatie geven?

Amma: Heb je regelmatig gemediteerd?

Vraag: In de hoop goed geld te verdienen werk ik vijftig uur per week. Ik mediteer, maar niet regelmatig.

Amma: Dat betekent?

Vraag: Nadat ik mijn dagelijks werk gedaan heb, mediteer ik als ik er tijd voor kan vinden.

Amma: Okay, en het herhalen van je mantra? Herhaal je die dagelijks zoals ik geïnstrueerd heb?

Vragensteller (enigszins aarzelend): Ja, ik herhaal mijn mantra, maar niet iedere dag.

Amma: Hoe laat ga je naar bed en wanneer sta je 's ochtends op?

Vraag: Ik ga gewoonlijk rond middernacht naar bed en sta om zeven uur op.

Amma: Hoe laat ga je naar je werk?

Vraag: Mijn kantooruren zijn van halfnegen tot vijf uur. Het is 35 à 40 minuten rijden zonder opstoppingen. Dus ik vertrek gewoonlijk om 7:35 uur. Nadat ik opgestaan ben, is er net genoeg tijd om een kop koffie te zetten, twee sneetjes brood te roosteren en me aan te kleden. Met mijn ontbijt en kop koffie in de hand spring ik in mijn auto en rijd weg.

Amma: Hoe laat kom je thuis van je werk?

Vraag: Mmm... halfzes of zes uur.

Amma: Wat doe als je thuisgekomen bent?

Vraag: Ik ontspan me een halfuur en kook het avondeten.

Amma: Voor hoeveel mensen?

Vraag: Alleen voor mezelf. Ik woon alleen.

Amma: Hoeveel tijd heb je daarvoor nodig?

Vraag: Ruwweg veertig minuten tot een uur.

Amma: Dan is het halfacht. Wat doe je na het eten? Tv kijken?

Vraag: Dat is juist.

Amma: Hoelang?

Vragensteller (lachend): Amma, U heeft me zitten! Ik kijk tv totdat ik naar bed ga. Ik wil U nog iets bekennen... Ach, laat maar.

Amma (hem op de rug kloppend): Kom op. Ga verder en maak af wat je wilde zeggen.

Vraag: Het is te gênant om te vertellen.

Amma: Okay, prima.

Vragensteller (na een paar momenten stilte): Het heeft geen zin het voor U te verbergen. Hoe dan ook, ik geloof dat U dit al weet. Waarom heeft U anders zo'n situatie geschapen? O jee, het is zo'n *lila* (goddelijk spel). Amma, ik vraag U om vergeving, maar ik ben mijn Gurumantra vergeten. Ik kan zelfs het papiertje waarop het geschreven was, niet vinden.

*Toen Amma zijn verhaal hoorde, barstte Ze in lachen uit.*

Vragensteller (onthutst): Wat? Waarom lacht U?

*Toen hij daar met een bezorgd gezicht zat, kneep Amma voor de grap in zijn oor.*

Amma: Jij, kleine dief! Amma wist dat je iets voor Haar probeerde te verbergen. Kijk mijn zoon, God is de schenker van alles. Amma begrijpt je oprechtheid en nieuwsgierigheid, maar je moet meer *shraddha* (liefdevol vertrouwen en aandacht) en inzet hebben en je moet bereid zijn hard te werken om het Doel te bereiken, om Zelfrealisatie te bereiken.

De mantra is de brug die je met je Guru verbindt, het eindige met het oneindige. De herhaling van de Gurumantra is als voedsel voor een echte leerling. Toon je respect voor de mantra en je eerbiedige houding tegenover je Guru door de mantra zonder mankeren iedere dag te herhalen. Als je je niet inzet, zal Zelfrealisatie niet plaatsvinden. Spiritualiteit hoort geen deeltijdwerk te zijn. Het moet fulltime werk zijn. Amma vraagt je niet je werk op te geven of minder te werken. Je beschouwt je werk en geld verdienen als een serieuze zaak, nietwaar? Op dezelfde manier is Godrealisatie ook serieus. Net als eten en slapen moeten spirituele oefeningen een essentieel deel van je leven worden.

Vragensteller (beleefd): Amma, ik accepteer Uw antwoord. Ik zal het niet vergeten en de zaken rechttrekken zoals U geïnstrueerd heeft. Zegen me alstublieft.

*De man was een tijdje stil. Hij scheen diep na te denken.*

Amma: Zoon… je bent twee keer getrouwd geweest, is het niet?

Vragensteller (van zijn stuk gebracht): Hoe weet U dat?

Amma: Mijn zoon, dit is niet de eerste keer dat je deze problemen aan Amma hebt verteld.

Vraag: Wat een geheugen!

Amma: Wat doet je denken dat het volgende huwelijk goed zal gaan?

Vraag: Ik weet het niet.

Amma: Weet je het niet? Of twijfel je eraan?

Vraag: Ik twijfel eraan.

Amma: Ondanks deze twijfel denk je toch aan een ander huwelijk?

*Erg verbijsterd en tegelijkertijd geamuseerd viel de man bijna om van het lachen. Hij ging toen zitten en zei met samengevouwen handen: "Amma, U bent onweerstaanbaar en onoverwinnelijk. Ik buig voor U."*

*Welwillend glimlachend tikte Amma de man speels op zijn kale hoofd, dat hij liet hangen.*

# Onvoorwaardelijke liefde
## en mededogen

Vraag Amma, wat is Uw definitie van onvoorwaardelijke liefde en mededogen?

Amma: Het is een toestand die helemaal niet te definiëren is.

Vraag: Wat is het dan?

Amma: Het is uitgestrektheid, als de lucht.

Vraag: Is het de innerlijke hemel?

Amma: Er is daar geen innerlijk en uiterlijk.

Vraag: Wat dan?

Amma: Er is alleen eenheid. Daarom kan het niet gedefinieerd worden.

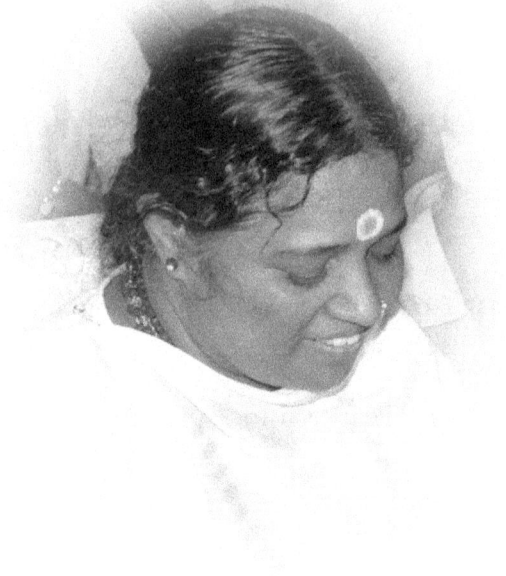

# De gemakkelijkste weg

Vraag Amma, er zijn zoveel wegen. Welke is de gemakkelijkste?

Amma: De gemakkelijkste weg is dicht bij een *Satguru* (Echte Meester) te zijn. Bij een Guru zijn is als het reizen in een Concorde. Een Satguru is het snelste voertuig om je naar het Doel te brengen. Het volgen van een weg zonder de hulp van een Satguru is als het reizen in een pendelbus die honderd keer stopt. Dat zal het proces vertragen.

# Verlichting, overgave en in het heden leven

Vraag Is het onmogelijk dat verlichting plaatsvindt zonder de houding van overgave, hoe intens je *sadhana* (spirituele oefeningen) ook zijn?

Amma: Vertel Amma, wat bedoel je met intense sadhana? Intense sadhana betekent sadhana met oprechtheid en liefde. Hiervoor moet je in het heden zijn. Om in het heden te zijn moet je het verleden en de toekomst overgeven.

Of je het overgave noemt, het huidige moment, hier en nu, van moment tot moment leven of een andere term, het is allemaal precies hetzelfde. De termen zijn verschillend, maar wat er van binnen gebeurt is hetzelfde. Iedere vorm van spirituele oefening die we doen, is om ons de grote les van het loslaten te leren. Echte meditatie is geen handeling. Het is een intens verlangen van het hart om één te zijn met het Zelf of God. Hoe dieper we in dat proces gaan, des te minder ego hebben we en des te lichter voelen we ons. Dus, zie je, het doel van sadhana is geleidelijk het gevoel van 'ik' en 'mijn' te verwijderen. Dit proces wordt op verschillende manieren beschreven, waarbij er verschillende termen gebruikt worden. Dat is alles.

Vraag: Alle materiële prestaties en succes in de wereld hangen fundamenteel af van hoe agressief en hoe competent je bent. Als je je geest en intellect niet blijft scherpen, kun je niet winnen. Een beetje dufheid duwt je terug naar de achterste rij en je wordt buitenspel gezet. Het lijkt erop dat er een groot verschil is tussen de principes van het spirituele leven en die van het wereldse leven.

Amma: Dochter, zoals je terecht zei, *lijkt* het alleen anders.

Vraag: Hoe?

Amma: Omdat de meeste mensen, onafhankelijk van wie ze zijn of wat ze doen, wel in het heden leven, alleen niet volledig. Wanneer ze met een activiteit of een gedachte bezig zijn, hebben ze zich aan dat moment overgegeven. Anders zou er niets gebeuren. Kijk bijvoorbeeld naar een timmerman. Als de timmerman gereedschap gebruikt en zich niet op het nu concentreert, kan hij zich ernstig verwonden. Dus de mensen leven in het heden. Het enige verschil is dat de meeste mensen geen of weinig bewustzijn hebben en daarom zijn ze alleen maar gedeeltelijk aanwezig of helemaal niet aanwezig. De spirituele wetenschap leert ons volledig in het huidige moment te zijn onafhankelijk van tijd en plaats. De mensen zijn of in hun geest of in hun intellect, maar nooit in hun hart.

Vraag: Maar moet men het ego niet transcenderen om volledig aanwezig te zijn?

Amma: Ja, maar het transcenderen van het ego betekent niet dat je geen functie meer hebt of nutteloos wordt. Integendeel, je zult alle zwakheden overschrijden. Je zult volledig getransformeerd worden en je innerlijke capaciteiten zullen helemaal tot uitdrukking komen. Als een volmaakt mens zul je bereid zijn de wereld te dienen en helemaal geen verschillen zien.

Vraag: Dus Amma, wat U zegt is dat er in de grond geen verschil is tussen overgave en in het heden leven?

Amma: Ja, ze zijn precies hetzelfde.

# Japa mala en draagbare telefoon

Toen Amma vergezeld van Haar kinderen naar de darshanzaal liep, merkte zij een brahmachari op die opzij stapte om een telefoontje te beantwoorden dan net binnenkwam.

Toen de brahmachari zijn gesprek beëindigd had en weer in de groep was gaan staan, merkte Amma op: "Wanneer je allerlei verantwoordelijkheden te vervullen hebt, zoals het organiseren van Amma's programma's in het hele land en het onderhouden van contact met plaatselijke coördinatoren, is het prima als een spirituele zoeker een draagbare telefoon heeft. Maar wanneer je een draagbare telefoon in de ene hand houdt, houd dan een *japa mala* (rozenkrans) in de andere, wat je eraan zal herinneren je mantra te herhalen. Een draagbare telefoon is nodig om met de wereld in contact te staan. Gebruik er een als het nodig is. Maar verlies het contact met God nooit. Dat is je levenskracht.

# *Een levende Upanishad*

Vraag Hoe omschrijft U een *Satguru* (Echte Meester)

Amma: Een Satguru is een levende *Upanishad* (een belichaming van de hoogste waarheid zoals beschreven in de *Upanishaden*).

Vraag: Wat is het belangrijkste werk van een Meester?

Amma: Zijn enige doel is de leerlingen te inspireren en hun het vertrouwen en de liefde te geven die zij nodig hebben om het Doel te bereiken. Het creëren van het vuur van Zelfonderzoek of liefde voor God in de leerling is de eerste en belangrijkste taak van een Meester. Wanneer het vuur is aangestoken, is de volgende taak van de Meester om het fel te laten branden en het te beschermen in stormachtige nachten en tegen de zware neerslag van zinloze verleidingen. De Meester zal de leerling beschermen als een hen die haar kuikens onder haar vleugels beschermt. Weldra zal de leerling grote lessen van overgave en onthechting leren door de Meester te observeren en inspiratie uit zijn leven te putten. Dit zal uiteindelijk culmineren in volledige overgave en transcendentie.

Vraag: Wat transcendeert de leerling?

Amma: Zijn lagere aard oftewel de *vasana's* (neigingen).

Vraag: Amma, hoe zou U het ego omschrijven?

Amma: Gewoon als een onbeduidend verschijnsel, maar destructief als je niet voorzichtig bent.

Vraag: Maar is het geen erg nuttig en krachtig instrument als we in de wereld leven?

Amma: Ja, als je leert hoe het juist te gebruiken.

Vraag: Wat bedoelt U met 'juist'?

Amma: Amma bedoelt dat men er op de juiste manier controle over moet uitoefenen door onderscheid te maken.

Vraag: *Sadhaks* (spirituele zoekers) doen hetzelfde als onderdeel van hun spirituele oefening, is het niet?

Amma: Ja, maar een sadhak verkrijgt geleidelijk beheersing over het ego.

Vraag: Betekent dat dat het niet nodig is het ego te transcenderen?

Amma: Beheersing krijgen en transcenderen is hetzelfde. In werkelijkheid is er niets te transcenderen. Net zoals het ego uiteindelijk onecht is, is het transcenderen ook onecht. Alleen de *Atman* (het Zelf) is echt. De rest zijn alleen schaduwen of wolken die de zon bedekken. Ze zijn niet echt.

Vraag: Maar schaduwen geven ons koelte. We kunnen ze niet onecht noemen, nietwaar?

Amma: Dat is waar. Een schaduw kun je niet onecht noemen. Hij heeft een doel. Hij geeft koelte. Maar vergeet de boom niet die de bron van de schaduw is. De schaduw kan niet bestaan zonder de boom, maar de boom is er, zelfs zonder schaduw. Daarom is de schaduw noch echt noch onecht. Dat is wat *maya* (illusie) is. De geest of het ego is noch echt, noch onecht. Niettemin hangt het bestaan van de Atman op geen enkele manier van het ego af.

Bijvoorbeeld, een man en zijn zoon lopen ergens in een hete periode. Om zich tegen de hitte te beschermen loopt de kleine jongen achter zijn vader en zijn schaduw dient hem als bescherming. Mijn zoon, je hebt gelijk, de schaduw kan niet onecht genoemd worden, maar hij is ook niet echt. Hij heeft echter een doel. Op dezelfde manier heeft het ego, hoewel het niet echt en niet onecht is, een functie, namelijk ons aan de uiteindelijke waarheid, de Atman, te herinneren die als de basis van het ego dient.

Net als een schaduw kan noch de wereld noch het ego bestaan zonder de Atman. De Atman steunt en onderhoudt het hele bestaan.

Vraag: Amma, om terug te komen op het onderwerp van transcenderen: U zei dat zoals het ego onecht is, het transcenderen van het ego ook onecht is. Als dat zo is, wat is dan dit proces van Zelfontplooiing of Zelfrealisatie?

Amma: Zoals het ego onecht is, zo ook lijkt het proces van het transcenderen van het ego alleen maar plaats te vinden. Zelfs de term 'Zelfontplooiing' is verkeerd, omdat het Zelf zich niet hoeft te ontplooien. Dat wat altijd blijft zoals het is, in alle drie de tijdperken, hoeft zo'n proces niet te ondergaan.

Alle verklaringen leiden je uiteindelijk tot de realisatie dat alle verklaringen zinloos zijn. Uiteindelijk zul je je realiseren dat er niets anders dan de Atman bestond en dat er geen proces was.

Er is bijvoorbeeld een prachtige bron van heerlijk water midden in een dicht bos. Op een dag ontdek je die, drinkt ervan en bereikt onsterfelijkheid. De bron is er altijd geweest, maar je hebt het nooit geweten. Je werd je er plotseling van bewust, bewust van zijn bestaan. Hetzelfde geldt voor de innerlijke bron van zuivere *shakti* (energie). Naarmate je zoeken en verlangen om je Zelf te kennen toenemen, vindt er een onthulling plaats en kom je in contact met die bron. Als de verbinding eenmaal tot stand gekomen is, komt ook de realisatie dat je verbinding met de bron nooit verbroken was.

Het universum heeft bijvoorbeeld een geweldige rijkdom verborgen in zijn oppervlak. Er zijn waardevolle stenen, toverdrankjes, wondermedicijnen, waardevolle informatie over de geschiedenis van de mensheid, methoden om het mysterie van het universum op te lossen, enzovoorts. Wat de wetenschappers uit het verleden, het heden en de toekomst kunnen ontdekken, is slechts een oneindig klein deel van wat het universum werkelijk in zich draagt. Niets is nieuw. Alle uitvindingen zijn alleen maar het proces van het verwijderen van het omhulsel. Op dezelfde manier blijft de hoogste waarheid diep in ons, alsof hij bedekt is. Het ont-dekkingsproces staat bekend als *sadhana* (spirituele oefeningen).

Dus vanaf een individueel standpunt is er een proces van Zelfontplooiing en daarom is er ook sprake van transcenderen.

Vraag: Amma, hoe verklaart U transcenderen in de verschillende alledaagse situaties in het leven?

Amma: Transcenderen vindt alleen plaats wanneer we voldoende volwassenheid en begrip verworven hebben. Dit ontstaat door spirituele oefeningen en doordat we de verschillende ervaringen en situaties in het leven met een positieve houding en een bepaalde mate van openheid tegemoet treden. Dit zal ons helpen onze verkeerde opvattingen op te geven en verder te gaan. Als je wat oplettender wordt, zul je begrijpen dat dit opgeven van kleinere dingen, bekrompen verlangens en gehechtheid en dan verdergaan een gewone ervaring in ons dagelijks leven is.

Een kind speelt altijd graag met zijn speelgoed, laten we zeggen met zijn chimpanseepop. Hij houdt zoveel van zijn chimpansee dat hij hem de hele dag met zich meedraagt. Als hij ermee speelt, vergeet hij soms zelfs te eten. En als zijn moeder probeert om de pop van hem af te pakken, raakt hij zo van streek, dat hij begint te huilen. Het jongetje valt zelfs in slaap terwijl hij hem stevig omhelst. Alleen dan kan zijn moeder de chimpanseepop van hem afpakken.

Maar op een dag ziet de moeder dat alle speelgoed, inclusief de chimpansee waar het jongetje het meest van hield, in de steek gelaten in een hoek van zijn kamer ligt. De jongen is het plotseling ontgroeid. Hij heeft het speelgoed getranscendeerd. Men kan hem zelfs zien glimlachen en naar een ander kind kijken dat met speelgoed speelt. Hij denkt vast: "Kijk nou dat kind met speelgoed spelen." Hij is zelfs vergeten dat ook hij eens een kind was.

Wat het kind betreft, hij laat het speelgoed los en verwelkomt iets wat meer geavanceerd is, misschien een driewieler. En weldra heeft hij dat ook getranscendeerd en rijdt hij op een fiets. En dan willen ze uiteindelijk misschien een motorfiets, een auto enzovoorts. Maar een sadhak moet de kracht en het begrip ontwikkelen om alles wat zijn weg kruist te transcenderen en alleen de Allerhoogste te omhelzen.

# Maya

Vraag Amma, wat is *maya*? Hoe definieert U het?

Amma: De geest is maya. Het onvermogen van de geest om de wereld als tijdelijk en veranderlijk op te vatten staat bekend als maya.

Vraag: Men zegt ook dat deze objectieve wereld maya is.

Amma: Ja, omdat het een projectie van de geest is. Dat wat ons belemmert deze realiteit te zien is maya.

Een leeuw gemaakt van sandelhout is echt voor een kind, maar voor een volwassene is het een stuk sandelhout. Voor het kind is het hout verborgen, waardoor hij alleen de leeuw ziet. De ouders kunnen ook van de leeuw genieten, maar zij weten dat hij niet echt is. Voor hen is het hout echt, niet de leeuw. Op dezelfde manier is voor een gerealiseerde ziel het hele universum niets anders dan de essentie, het 'hout' waaruit alles is opgebouwd, de Absolute Brahman of bewustzijn.

# Atheïsten

Vraag Amma, wat is Uw mening over atheïsten?

Amma: Het doet er niet toe of men in God gelooft of niet, zolang men de samenleving juist dient.

Vraag: U geeft er niet echt om, nietwaar?

Amma: Amma geeft om iedereen.

Vraag: Maar denkt U dat hun zienswijze correct is?

Amma: Wat doet het er toe wat Amma denkt, zolang ze in hun zienswijze geloven?

Vraag: Amma, U glipt ertussenuit zonder mijn vraag te beantwoorden.

Amma: En jij, dochter, zit Amma achterna om het antwoord te krijgen dat je wilt horen.

Vragensteller (lachend): Okay Amma, ik wil weten of atheïsme alleen maar een intellectuele oefening is of dat het zin heeft wat zij zeggen.

Amma: Zin en zinloosheid hangen van je houding af. Atheïsten zijn er sterk van overtuigd dat er geen hoogste macht of God is. Maar sommigen van hen zeggen dit eenvoudig in het openbaar, terwijl ze van binnen gelovig zijn.

Er is niets speciaals aan zulke intellectuele oefeningen.

Iemand met een scherp intellect kan schijnbaar het bestaan van God bewijzen of weerleggen. Atheïsme is gebaseerd op logica. Hoe kunnen intellectuele oefeningen God, die voorbij het bereik van het intellect is, bewijzen of weerleggen?

Vraag: Dus Amma, wat U zegt is dat hun zienswijze op God onjuist is, is het niet?

Amma: Of het hun zienswijze is of die van iemand anders, visies op God zijn altijd onjuist omdat God niet van een bepaald standpunt gezien kan worden. God verschijnt alleen wanneer alle zienswijzen verdwijnen. Intellectuele logica kan gebruikt worden om iets te bewijzen of te weerleggen, maar dat hoeft niet altijd de waarheid te zijn.

Stel dat je zegt: "A heeft niets in zijn handen. B heeft ook niets in zijn handen. Ik zie ook niets in de handen van C. Daarom heeft niemand iets in zijn handen." Dit is logisch en klinkt juist, maar is het zo? Intellectuele conclusies zijn ook zo.

De hedendaagse atheïsten verspillen veel tijd met het proberen te bewijzen dat God niet bestaat. Als ze daarin vast geloven, waarom maken ze zich dan zoveel zorgen? In plaats van bezig te zijn met intellectuele twisten die destructief zijn, moeten ze iets nuttigs doen voor de samenleving.

# *Vrede*

**V**raag Wat is vrede in Amma's woorden?

Amma: Vraag je naar innerlijke of uiterlijke vrede?

Vraag: Ik wil weten wat echte vrede is.

Amma: Dochter, vertel Amma eerst wat jouw voorstelling van echte vrede is.

Vraag: Ik denk dat vrede geluk is.

Amma: Maar wat is echt geluk? Is het iets wat je krijgt wanneer je verlangens vervuld worden of heb je er een andere verklaring voor?

Vraag: Hmm... Het is een stemming die komt wanneer verlangens vervuld worden, is het niet?

Amma: Maar zulke gelukkige stemmingen verdwijnen spoedig. Je voelt je gelukkig wanneer een bepaald verlangen vervuld wordt, maar heel snel neemt een ander verlangen zijn plaats in en ren je erachteraan. Er komt geen einde aan dit proces, nietwaar?

Vraag: Dat is waar. Is dus je innerlijk gelukkig voelen echt geluk?

Amma: Okay, maar hoe voel je je innerlijk gelukkig?

Vragensteller (lachend): U probeert me in het nauw te drijven.

Amma: Nee, we komen dicht bij het antwoord dat je nodig hebt. Kom op dochter, hoe is het mogelijk innerlijk gelukkig te zijn als de geest niet rustig is? Of denk je dat je kalm en rustig voelen terwijl je chocolade en ijs eet, echte vrede is?

Vragensteller (lachend): O nee, U plaagt me.

Amma: Nee dochter, Amma is serieus.

Vragensteller (peinzend): Dat is geen vrede en ook geen geluk. Dat is alleen een soort opwinding of geboeidheid.

Amma: Blijft dat soort geboeidheid lang bij je?

Vraag: Nee, het komt en het gaat.

Amma: Nou, vertel Amma of een gevoel dat komt en gaat echt of permanent genoemd kan worden?

Vraag: Niet echt.

Amma: Wat noem je het dan?

Vraag: Dat wat komt en gaat wordt gewoonlijk 'tijdelijk' of 'voorbijgaand' genoemd.

Amma: Nu je dat gezegd hebt, laat Amma je dit vragen: Zijn er momenten in je leven geweest dat je vrede ervaren hebt zonder een bepaalde reden?

Vragensteller (na een paar momenten nadenken): Ja, op een keer zat ik in de achtertuin van mijn huis naar de ondergaande zon te kijken. Het vulde mijn hart met een ongekende vreugde. In dat prachtige moment gleed ik eenvoudig naar een toestand van gedachteloosheid en voelde ik zoveel vrede en vreugde van binnen. Door dat moment weer in de herinnering te roepen heb ik zelfs een gedicht geschreven dat de ervaring beschrijft.

Amma: Dochter, dat is het antwoord op je vraag. Vrede ontstaat wanneer de geest rustig is, met minder gedachten. Minder gedachten betekent meer vrede en meer gedachten betekent minder vrede. Vrede of geluk om geen enkele reden is echte vrede en geluk.

Vrede en geluk zijn synoniem. Hoe opener je bent, hoe meer vrede en geluk je voelt, en omgekeerd. Als we niet een bepaalde mate van beheersing over de geest hebben, is het moeilijk echte vrede te krijgen.

Vrede in jezelf vinden is de echte weg naar vrede buiten jezelf. De innerlijke en uiterlijke inspanning moeten hand in hand gaan.

Vraag: Amma, hoe beschrijft U vrede vanaf een spiritueel standpunt?

Amma: Er is geen verschil tussen spirituele vrede en wereldse vrede. Zoals liefde een is, is vrede ook een. Ja er is een verschil in de mate. Het hangt ervan af hoe diep je naar binnen gaat. Beschouw de geest als een meer. De gedachten zijn de rimpels op het meer. Iedere gedachte of beweging is als een steen die in het meer gegooid wordt en ontelbare rimpels creëert. Een meditatieve geest zal als een lotusbloem worden die op dat meer drijft. De gedachterimpels zijn er nog steeds, maar de lotus wordt er niet door beïnvloed. Hij zal gewoon blijven drijven.

"Laat me alleen! Ik wil rust!" Dit is een normale uitdrukking die we horen, soms tijdens een ruzie of wanneer iemand genoeg heeft van iemand anders of een situatie. Maar is het mogelijk? Zelfs als we die persoon alleen laten, zal hij geen vrede ervaren en kan hij ook nooit echt alleen zijn. Achter de gesloten deuren van zijn kamer zit hij nog te piekeren over alles wat er gebeurd is en blijft van binnen koken. Hij is opnieuw in de wereld van storende gedachten. Echte vrede is een diep gevoel dat het hart overspoelt wanneer we vrij zijn van de gedachten aan het verleden.

Vrede is niet het tegenovergestelde van onrust. Het is de afwezigheid van onrust. Het is een volledig ontspannen en rustige toestand.

## De belangrijkste les in het leven

Vraag Wat is de belangrijkste les die men in het leven moet leren?

Amma: Wees gehecht aan de wereld met een onthechte houding.

Vraag: Hoe kunnen gehechtheid en onthechting samengaan?

Amma: Hecht je en onthecht je zoals je wilt. Handel, laat dan los en ga verder. Handel opnieuw, laat dan los en ga verder. Extra bagage maakt je reis oncomfortabel, nietwaar? Op dezelfde manier maakt de extra bagage van allerlei willekeurige dromen, verlangens en gehechtheid de levensreis uiterst ellendig.

Zelfs grote keizers, dictators en heersers lijden vreselijk op het eind van hun leven door het meedragen van deze extra bagage in het leven. Alleen de kunst van onthechting kan je helpen om op dat moment een rustige geest te hebben.

Alexander was een groot krijgsman en heerser die bijna een-derde van de wereld veroverd had. Hij wilde de keizer over de hele wereld worden, maar hij werd in een veldslag verslagen en kreeg een ongeneeslijke ziekte. Een paar dagen voor zijn dood riep Alexander zijn ministers bijeen en legde hun uit hoe hij begraven wilde worden. Hij vertelde hun dat hij wilde dat er aan beide kanten van zijn doodskist openingen gemaakt werden waardoor zijn armen naar buiten moesten hangen met de handpalmen naar boven. De ministers vroegen hem waarom hij dit wilde. Alexander antwoordde dat op deze manier iedereen te weten zou komen dat de grote Alexander, die zijn hele leven ernaar gestreefd had de wereld te bezitten en te veroveren, die met volkomen lege handen verlaten had. Hij had zelfs zijn eigen lichaam niet meegenomen. Daardoor zouden ze begrijpen hoe zinloos het is om hun hele leven te besteden aan het achternarennen van de wereld en zijn objecten.

Per slot van rekening kunnen we op het einde niets met ons meenemen, zelfs niet ons eigen lichaam. Wat heeft het dus voor zin er overdreven gehecht aan te zijn?

# Kunst en muziek

Vraag Amma, omdat ik een kunstenaar, een musicus ben, wil ik graag weten wat mijn houding tegenover mijn beroep moet zijn en hoe ik steeds meer van mijn muzikale talenten tot uitdrukking kan brengen.

Amma: Kunst is Gods schoonheid die gemanifesteerd wordt in de vorm van muziek, schilderkunst, dans, enzovoorts. Het is een van de gemakkelijkste manieren om je inherente goddelijkheid te realiseren.

Er zijn veel heiligen die God door muziek gevonden hebben. Je bent dus bijzonder gezegend dat je musicus bent. Wat betreft je houding tegenover je beroep, wees een beginner, een kind dat voor God, voor het Goddelijke staat. Dit zal je in staat stellen de oneindige vermogens van je geest aan te boren. En dit zal je op zijn beurt helpen steeds meer van je muzikale talenten op een veel diepere manier tot uitdrukking te brengen.

Vraag: Maar Amma, hoe moeten we een kind, een beginner zijn?

Amma: Door gewoon je onwetendheid te accepteren en te erkennen word je automatisch een beginner.

Vraag: Ik begrijp dat, maar ik ben niet helemaal onwetend. Ik ben als musicus opgeleid.

Amma: Hoeveel opleiding heb je?

Vraag: Ik heb zes jaar muziek gestudeerd en ben de afgelopen veertien jaar uitvoerend kunstenaar geweest.

Amma: Hoe groot is de ruimte?

Vragensteller (klinkt een beetje verbaasd): Ik begrijp Uw vraag niet.

Amma (glimlachend): Je begrijpt de vraag niet omdat je de ruimte niet begrijpt, is het niet?

Vragensteller (haalt zijn schouders op): Misschien.

Amma: Misschien?

Vraag: Wat is het verband tussen mijn vraag en Uw vraag "Hoe groot is de ruimte?"

Amma: Er is een verband. Zuivere muziek is zo groot als de ruimte. Het is God. Het is zuivere kennis. Het is het geheim om de zuivere klank van het universum door je heen te laten stromen. Je kunt muziek niet in twintig jaar leren. Je mag de laatste twintig jaar gezongen hebben, maar muziek echt begrijpen betekent muziek als je eigen Zelf realiseren. Om muziek als je eigen Zelf te realiseren, moet je toelaten dat de muziek je helemaal in beslag neemt. Om muziek je hart in bezit te laten nemen, moet je van binnen meer ruimte creëren. Meer gedachten betekent minder ruimte. Denk nu hierover na: "Hoeveel ruimte heb ik in me voor zuivere muziek?"

Als je echt wilt dat steeds meer van je muzikale talenten tot uitdrukking komen, verminder dan de hoeveelheid onnodige gedachten en maak meer ruimte om de muzikale energie in je te laten stromen.

# Bron van liefde

Vraag Amma hoe leert men om zuiver en onschuldig lief te hebben, zoals U ons zegt?

Amma: Je kunt alleen iets leren wat je vreemd is, maar liefde is je ware aard. In je is een bron van liefde. Boor die bron op de juiste manier aan en de *shakti* van goddelijke liefde zal je hart vullen en oneindig in je toenemen. Je kunt het niet *doen* gebeuren. Je kunt alleen de juiste houding in je creëren om het te *laten* gebeuren.

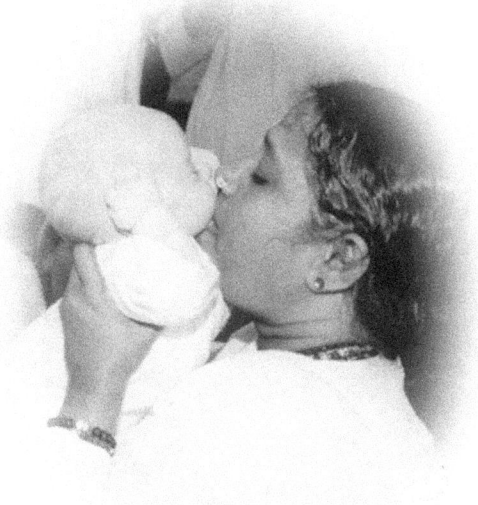

# Waarom omhelst U?

Vraag Amma, U omhelst iedereen. Wie omhelst er U?

Amma: De hele schepping omhelst Amma. In werkelijkheid zijn Amma en de hele schepping in een eeuwige omhelzing.

Vraag: Amma, waarom omhelst U mensen?

Amma: Deze vraag is als vragen aan een rivier: "Waarom stroom je?"

# Ieder moment een kostbare les

De ochtenddarshan was aan de gang. Amma was net klaar met het beantwoorden van de vragen van Haar kinderen. Er was een lange rij geweest. Met een diepe zucht wilde ik net een pauze inlassen, toen er plotseling een toegewijde naar voren kwam en me een briefje overhandigde. Het was weer een vraag. Om heel eerlijk te zijn was ik een beetje geïrriteerd. Maar ik nam het papiertje van hem aan en vroeg: "Kun je tot morgen wachten? We houden er voor vanochtend mee op."

Hij zei: "Het is belangrijk. Waarom vraagt U het nu niet?" Ik dacht, of misschien verbeeldde ik het me, dat hij het eiste.

"Moet ik jou dat uitleggen?" antwoordde ik.

Hij gaf het niet op. "Dat bent u niet verplicht, maar waarom kunt u het Amma niet vragen? Misschien is Amma bereid mijn vraag te beantwoorden."

Op dat moment negeerde ik hem gewoon en keek de andere

kant uit. Amma gaf darshan. Onze woordenwisseling vond achter de darshanstoel plaats. Wij spraken allebei zacht, maar grimmig.

Plotseling keerde Amma zich om en vroeg me: "Ben je moe? Heb je slaap? Heb je gegeten?" Ik stond versteld en schaamde me tegelijkertijd omdat Zij het gesprek opgevangen had. In feite was ik een dwaas geweest. Ik had beter moeten weten. Hoewel Amma darshan aan het geven was en wij zacht spraken, zien, horen en voelen Haar ogen, Haar oren en Haar hele lichaam alles.

Amma ging verder: "Als je moe bent, pauzeer dan even, maar neem de vraag van die zoon wel aan. Leer attent te zijn. Wees niet geobsedeerd door dat wat naar jouw mening juist is."

Ik verontschuldigde me voor de man en luisterde naar zijn vraag. Amma behandelde zijn probleem vol liefde en de man ging tevreden weg. Natuurlijk was de vraag belangrijk, zoals hij had gezegd.

Toen hij vertrokken was, zei Amma: "Kijk, mijn zoon, wanneer je op iemand reageert, heb jij ongelijk en hebben zij hoogstwaarschijnlijk gelijk. Degene die zich beter voelt, heeft de helderheid om de situatie waar te nemen. Reactie maakt je blind. Je reagerende houding helpt je niet anderen te zien of met hun gevoelens rekening te houden.

Kun je even stoppen voordat je op een bepaalde situatie reageert, en de ander zeggen: 'Gun me wat tijd om u te antwoorden. Laat me nadenken over wat u zei. Misschien hebt u gelijk en ik ongelijk.'? Als je de moed hebt dit te zeggen, houd je in ieder geval rekening met de gevoelens van de ander. Dit voorkomt veel onaangename gebeurtenissen die zich later voor zouden kunnen doen."

Ik was opnieuw getuige van een kostbare les van de Grote Meester. Ik werd vernederd.

# Een verlicht iemand begrijpen

Vraag Is het mogelijk een Mahatma met onze geest te begrijpen?

Amma: Op de eerste plaats kan een Mahatma niet begrepen worden. Hij kan alleen ervaren worden. Door zijn aarzelende en twijfelende aard kan de geest niets ervaren zoals het is, zelfs niet een werelds object. Wanneer je bijvoorbeeld een bloem echt wilt ervaren, houdt de geest op en iets voorbij de geest begint te functioneren.

Vraag: Amma, U zei: "De geest houdt op en iets voorbij de geest begint te functioneren." Wat is dat?

Amma: Noem het het hart, maar het is een toestand van tijdelijke diepe stilte, een stilte in de geest, een onderbreking in de stroom van gedachten.

Vraag: Amma, wanneer U zegt 'geest,' wat bedoelt U dan? Betekent het alleen de gedachten of betekent het meer?

Amma: De geest houdt het geheugen in, dat de opslagplaats van het verleden is, denken, twijfelen, beslissen en het gevoel van 'ik.'

Vraag: En alle emoties?

Amma: Zij zijn ook een deel van de geest.

Vraag: Okay. Dus wanneer U zegt "de geest kan een Mahatma

niet begrijpen," bedoelt U dat dit complexe mechanisme de toestand waarin een Mahatma gevestigd is, niet kan kennen.

Amma: Ja. De menselijke geest is zo onvoorspelbaar en geslepen. Het is zeer belangrijk dat een zoeker naar de Waarheid weet dat hij een *Satguru* (Echte Meester) niet kan herkennen. Daarvoor zijn geen criteria. Een dronkaard kan een andere dronkaard herkennen. Op dezelfde manier zullen twee gokkers elkaar begrijpen. De ene vrek kan de andere erkennen. Ze zijn allemaal van hetzelfde mentale kaliber. Maar er zijn niet zulke criteria voor het herkennen van een Satguru. Onze ogen noch onze geest kunnen een Mahatma waarnemen. Daar is een speciale training voor nodig. Dat is *sadhana* (spirituele oefening). Alleen voortdurende sadhana zal ons de kracht geven om door te dringen en onder de oppervlakte van de geest te gaan. Als je onder de oppervlakte van de geest gaat, zul je geconfronteerd worden met talloze lagen van emoties en gedachten. Om door en voorbij al deze ingewikkelde, grove en subtiele niveaus van de geest te gaan heeft de *sadhak* (spirituele aspirant) de voortdurende leiding van een Satguru nodig. Het betreden van de diepere niveaus van de geest, het gaan door de verschillende lagen en succesvol eruit komen staat bekend als *tapas* (ascese). Dit is met inbegrip van de laatste stap, het transcenderen, alleen mogelijk door de onvoorwaardelijke genade van een Satguru.

De geest heeft altijd verwachtingen. Het bestaan van de geest ligt in verwachten. Een Mahatma geeft niet toe aan de verwachtingen en verlangens van de geest. Om het zuivere bewustzijn van een Meester te ervaren moet deze aard van de geest verdwijnen.

# Amma, de onuitputtelijke energie

Vraag Amma, wilt U ooit ophouden met het werk dat U doet?

Amma: Wat Amma doet is geen werk, het is verering. In verering is alleen pure liefde. Daarom is het geen werk. Amma vereert Haar kinderen als God. Kinderen, jullie zijn allemaal Amma's God.

Liefde is niet ingewikkeld. Het is eenvoudig, spontaan en werkelijk onze ware aard. Daarom is het geen werk. Wat Amma betreft: deze manier van het persoonlijk omhelzen van Haar kinderen is de eenvoudigste manier om Haar liefde voor hen en de hele schepping uit te drukken. Werk is vermoeiend en ontneemt je je energie, terwijl liefde nooit vermoeiend of vervelend kan zijn. Integendeel, het blijft je hart met steeds meer energie vullen. Zuivere liefde maakt dat je je zo licht als een bloem voelt. Je voelt geen zwaarte of last. Het ego creëert de last.

De zon houdt nooit op met schijnen. De wind blijft ook tot in eeuwigheid waaien. En de rivier houdt nooit op met stromen met de woorden: "Genoeg is genoeg! Ik heb eeuwenlang hetzelfde werk gedaan. Nu is het tijd voor iets anders." Nee, zij kunnen nooit ophouden. Zij zullen doorgaan zolang de wereld bestaat, omdat dat hun aard is. Op dezelfde manier kan Amma niet ophouden liefde aan Haar kinderen te geven, omdat het Haar nooit verveelt van Haar kinderen te houden.

Verveling is er alleen wanneer er geen liefde is. Dan wil je blijven veranderen, veranderen van de ene plaats naar de andere, van het ene voorwerp naar het andere, terwijl er niets oud wordt wanneer er liefde is. Alles blijft eeuwig jong en fris. Voor Amma is het huidige moment veel belangrijker dan wat er morgen gedaan moet worden.

Vraag: Betekent dat dat U nog jarenlang doorgaat met darshan geven?

Amma: Zolang deze handen nog een beetje kunnen bewegen en Amma ze uit kan steken naar degenen die naar Haar toe komen, en zolang er nog een beetje kracht en energie is om Haar handen op de schouders van iemand die huilt te leggen en hen te liefkozen en hun tranen af te vegen, zal Amma doorgaan met darshan geven. Liefdevol mensen strelen, hun troosten en hun tranen afvegen tot het einde van dit sterfelijk omhulsel is Amma's wens.

Amma heeft de afgelopen 35 jaar darshan gegeven. Door de genade van de *Paramatman* (Hoogste Ziel) heeft Amma tot nu toe geen enkele darshan of programma vanwege fysieke aandoeningen af hoeven zeggen. Amma maakt zich geen zorgen over het volgende moment. Liefde is in het heden, geluk is in het heden, God is in het heden en verlichting is ook in het heden. Dus waarom onnodig piekeren over de toekomst? Wat er nu gebeurt, is belangrijker dan wat er gaat gebeuren. Wanneer het heden zo mooi en zo vol is, waarom zou je je dan zorgen maken over de toekomst? Laat de toekomst zich vanzelf uit het heden ontwikkelen.

# De verloren zoon gevonden

Dokter Jaggu is een bewoner van Amma's ashram in India. Onlangs gaf zijn familie hem het geld om met Amma naar Europa te reizen. Tegen de tijd dat zijn visum afgegeven was, was het al laat en waren Amma en Haar reisgezelschap al uit India vertrokken. We waren echter allemaal blij dat Jaggu zich in Antwerpen bij ons aan zou sluiten.

Het was Jaggu's eerste reis buiten India. Hij had nog nooit in een vliegtuig gereisd. We maakten dus ruim van tevoren afspraken dat hij van het vliegveld afgehaald zou worden. Toegewijden wachtten met een auto buiten het vliegveld, maar Jaggu kwam niet opdagen. De luchthavenautoriteiten bevestigden dat een passagier met de naam Jaggu met de vlucht van Londen Heathrow was gekomen. Ze zeiden dat hij om ongeveer vier uur 's middags op de internationale luchthaven van Brussel was aangekomen. Er was vier uur verlopen sinds het vliegtuig was geland, maar toch was er geen informatie over Dr. Jaggu.

Geholpen door medewerkers van het vliegveld zochten de plaatselijke toegewijden overal op het vliegveld. Het omroepsysteem van de luchthaven riep Jaggu's naam verscheidene keren om. Er was helemaal geen reactie en er was nergens een teken van Jaggu.

Uiteindelijk moest iedereen wel geloven dat Dr. Jaggu ergens de weg was kwijtgeraakt, hetzij in de reusachtige luchthaven of in de stad Brussel in een wanhopige poging om op de een of andere manier naar het programma te gaan.

Ondertussen oefende Amma gelukzalig enkele nieuwe bhajans. Ze zat rustig temidden van het hele reisgezelschap. Omdat iedereen een beetje bezorgd en ongerust was over Jaggu's onverwachte verdwijning, deelde ik Amma het nieuws mee midden onder het zingen. Ik verwachtte een stroom van moederlijke bezorgdheid, maar tot mijn verbazing draaide Amma zich om en zei eenvoudig: "Kom op, zing het volgende lied."

Voor mij was dit een positief teken. Toen ik Amma doodbedaard zag blijven, vertelde ik de toegewijden: "Ik denk dat Jaggu absoluut veilig is, omdat Amma zo rustig blijft. Als er een probleem geweest was, dan zou Ze zeker meer bezorgd geweest zijn."

Een paar minuten later verscheen Brahmachari Dayamrita en kondigde aan dat Jaggu zojuist bij de voordeur aangekomen was. Bijna tegelijkertijd liep Dr. Jaggu met een geweldige glimlach op zijn kleine gezicht naar binnen.

Volgens het avontuurlijke verhaal dat Jaggu vertelde, was hij werkelijk de weg kwijtgeraakt. Hij zei: "Toen ik het vliegveld uitging, was er niemand. Ik wist niet wat ik moest doen. Hoewel ik een beetje bezorgd was, had ik het volste vertrouwen dat Amma iemand zou sturen om me uit de totaal onbekende situatie te redden. Gelukkig had ik het adres van de plaats van het programma. Een echtpaar kreeg medelijden met me en zorgde ervoor dat ik hier kwam."

Amma zei: "Amma wist heel goed dat alles met je in orde was en je de weg hiernaartoe zou vinden. Daarom bleef Amma kalm toen ze Haar vertelden dat je kwijt was."

Later die avond vroeg ik Amma hoe Ze wist dat Jaggu veilig was. Ze zei: "Amma wist het gewoon."

"Maar hoe?" Mijn nieuwsgierigheid was gewekt.

Amma zei: "Net zoals je je eigen beeld in een spiegel ziet, kon Amma hem in veiligheid zien."

Ik vroeg: "Zag U dat Jaggu hulp kreeg of hebt U het echtpaar geïnspireerd om hem te helpen?" Amma zei er verder niets over, hoewel ik nog een paar pogingen deed.

# *Geweld*

Vraag Kunnen geweld en oorlog ooit een middel zijn om vrede te bereiken?

Amma: Oorlog dient niet als middel om vrede te bereiken. Dit is een onvervalste waarheid die de geschiedenis ons heeft laten zien. Als er geen transformatie in het bewustzijn plaatsvindt, zal er helemaal geen vrede zijn. Alleen spiritueel denken en leven zal deze transformatie tot stand brengen. Daarom zullen we nooit een bepaalde situatie kunnen corrigeren door oorlog te voeren.

Vrede en geweld zijn tegengestelden. Geweld is een sterke reactie, geen antwoord. Reacties roepen meer reacties op. Dit is eenvoudige logica. Amma heeft gehoord dat er in Engeland een bepaalde manier bestond om dieven te straffen. Nadat ze de boosdoener naar een kruispunt hadden gebracht, ranselden ze de dief naakt af, voor het oog van een grote menigte mensen. Het doel hiervan was de hele stad de ernstige straf te laten weten die ze zouden krijgen als ze een misdaad begingen. Al gauw moesten ze dit systeem echter veranderen, omdat zulke gelegenheden een prachtige kans voor zakkenrollers waren. Zij gebruikten de tijd om de zakken te rollen van degenen die in het tafereel verdiept waren. De plaats van de bestraffing werd zelf een broedplaats voor misdaad.

Vraag: Betekent dat dat er helemaal geen straf moet zijn?

Amma: Nee, nee, helemaal niet. Omdat de meerderheid van de wereldbevolking niet weet hoe ze vrijheid moeten gebruiken op een manier die de samenleving ten goede komt, is een bepaalde mate van angst "Ik zal gestraft worden als ik me niet aan de wet houd" goed. Maar het kiezen van de weg van geweld en oorlog om vrede en harmonie in de samenleving tot stand te brengen, zal geen langdurig effect hebben. Dit komt eenvoudig doordat geweld diepe wonden en gekwetste gevoelens in de geest van de samenleving creëert, wat in een later stadium als sterker geweld en conflicten tot uiting zal komen.

Vraag: Wat is dus de oplossing?

Amma: Doe alles wat je kunt om je individuele bewustzijn te laten groeien. Alleen een verruimd bewustzijn is in staat tot werkelijk begrip. Alleen zulke mensen kunnen de zienswijze van de samenleving veranderen. Daarom is spiritualiteit zo belangrijk in de wereld van vandaag.

# Onwetendheid is het probleem

Vraag Is er verschil tussen de problemen van de mensen in India en het Westen?

Amma: Uiterlijk gezien zijn de problemen van de mensen in India en het Westen verschillend, maar het fundamentele probleem, de oorsprong van alle problemen is overal in de wereld precies hetzelfde. Dat is onwetendheid, onwetendheid over de *Atman* (het Zelf), over onze essentiële aard.

Te veel zorg voor fysieke veiligheid en te weinig zorg voor spirituele veiligheid is het kenmerk van de wereld van vandaag. Deze gerichtheid moet veranderen. Amma zegt niet dat de mensen niet voor hun lichaam en fysieke bestaan moeten zorgen. Nee, dat is het punt niet. Het fundamentele probleem is echter de verwarring over wat blijvend en wat tijdelijk is. Aan het vergankelijke, wat het lichaam is, wordt te veel aandacht geschonken en het blijvende, wat de Atman is, wordt volledig vergeten. Deze houding moet veranderen.

Vraag: Ziet U mogelijkheden voor verandering in onze samenleving?

Amma: Mogelijkheden zijn er altijd. De belangrijke vraag is of de maatschappij en de individuen bereid zijn te veranderen.

In een klas krijgen alle studenten dezelfde kansen, maar hoeveel een student leert hangt van zijn ontvankelijkheid af.

In de wereld van vandaag wil iedereen dat anderen eerst veranderen. Het is moeilijk mensen te vinden die oprecht vinden dat ze zelf een verandering moeten ondergaan. In plaats van te denken dat anderen eerst moeten veranderen moet ieder individu ernaar streven zichzelf te veranderen. Als er geen transformatie in de innerlijke wereld plaatsvindt, zullen de dingen in de uiterlijke wereld min of meer hetzelfde blijven.

# Nederigheid interpreteren

*egen een toegewijde die een vraag over nederigheid stelde:*

Amma: Wanneer we zeggen: "Die persoon is zo nederig," betekent dat gewoonlijk "Hij heeft mijn ego gesteund en me geholpen het intact te houden zonder het te kwetsen. Ik wilde dat hij iets voor me deed en hij heeft het gedaan zonder bezwaar te maken. Daarom is hij zo nederig." Dat is wat de bewering in werkelijkheid betekent. Maar zodra die 'nederige persoon' zijn mond opendoet en aan ons twijfelt, verandert onze mening, zelfs als hij dat om een goede reden doet. Nu zeggen we: "Hij is niet zo nederig als ik dacht." De aanwijzing is: "Hij heeft mijn ego gekwetst en daarom is hij niet zo nederig."

## *Zijn wij bijzonder?*

Verslaggever: Amma, denkt U dat de mensen in dit land bijzonder zijn?

Amma: Wat Amma betreft is de hele mensheid, de hele schepping heel bijzonder omdat God in iedereen is. Amma ziet die goddelijkheid ook in de mensen hier. Dus zijn jullie allemaal bijzonder.

# Zelfhulp of zelfhulp?

**V**raag Methoden en boeken voor zelfhulp zijn in de Westerse samenleving erg populair geworden. Amma, kunt U alstublieft Uw gedachten hierover met ons delen?

Amma: Het hangt allemaal af van hoe men zelfhulp interpreteert.

Vraag: Wat bedoelt U daarmee?

Amma: Is het Zelfhulp of zelfhulp?

Vraag: Wat is het verschil?

Amma: Echte Zelfhulp laat je hart opengaan, terwijl zelfhulp het ego versterkt.

Vraag: Wat suggereert U dus, Amma?

Amma: "Accepteer de Waarheid" is wat Amma wil zeggen.

Vraag: Ik begrijp het niet.

Amma: Dat is wat het ego doet. Het staat je niet toe de Waarheid te accepteren of iets op de juiste manier te begrijpen.

Vraag: Hoe zie ik de Waarheid?

Amma: Om de Waarheid te zien moet je eerst het onechte zien.

Vraag: Is het ego werkelijk een illusie?

Amma: Accepteer je het als Amma ja zegt?

Vraag: Hmm… als U dat wilt.

Amma (lachend): Als *Amma* het wil? De vraag is of *jij* de Waarheid wil horen en accepteren.

Vraag: Ja, ik wil de Waarheid horen en accepteren.

Amma: Dan is de Waarheid God.

Vraag: Dat betekent dat het ego onecht is, nietwaar?

Amma: Het ego is onecht. Het is de narigheid in je.

Vraag: Dus iedereen draagt die narigheid met zich mee overal waar hij heen gaat?

Amma: Ja, mensen worden wandelende problemen.

Vraag: Wat is dus de volgende stap?

Amma: Als je het ego wilt versterken, laat dan je zelf groter worden. Of als je Zelfhulp wilt, zoek dan Gods hulp.

Vraag: Veel mensen zijn bang hun ego te verliezen. Ze denken dat het de basis van hun bestaan in de wereld is.

Amma: Als je echt Gods hulp wilt zoeken om je Ware Zelf te ontdekken, dan hoef je niet bang te zijn je ego, het kleine zelf te verliezen.

Vraag: Maar anderzijds ervaren we door het versterken van ons ego werelds voordeel, wat directe, onmiddellijke ervaringen zijn. Als we ons ego verliezen is de ervaring daarentegen niet zo direct en onmiddellijk.

Amma: Daarom is vertrouwen zo belangrijk op weg naar het Ware Zelf. Om alles juist te laten functioneren en het juiste resultaat te krijgen moet het juiste contact gelegd worden en moeten de juiste bronnen aangeboord worden. Wat betreft spiritualiteit zijn het contactpunt en de bron in ons. Kom in contact met dat punt en dan heb je directe en onmiddellijke ervaring.

# Het ego is slechts een klein vlammetje

Amma: Het ego is een zeer klein vlammetje dat ieder moment uit kan gaan.

Vraag: Hoe omschrijft U ego in deze context?

Amma: Alles wat je verzamelt – naam, faam, geld, macht, positie – is alleen maar brandstof voor het vlammetje van het ego, dat ieder moment uit kan gaan. Zelfs het lichaam en de geest zijn een deel van het ego. Zij zijn allemaal tijdelijk van aard. Daarom zijn ze ook een deel van dit onbeduidende vlammetje.

Vraag: Maar Amma, voor een normaal mens zijn dit belangrijke dingen.

Amma: Natuurlijk zijn ze belangrijk, maar dat betekent niet dat ze blijvend zijn. Ze zijn onbeduidend omdat ze vergankelijk zijn. Je kunt ze ieder moment verliezen. De tijd zal ze van je afpakken zonder het vooraf aan te kondigen. Ze gebruiken en ervan genieten is prima, maar ze als blijvend beschouwen is een onjuiste waarneming. Met andere woorden je moet begrijpen dat ze voorbijgaand zijn en er niet te trots op zijn.

Je innerlijke verbinding bouwen met het blijvende en onveranderlijke, met God of het Zelf, is het belangrijkste in het leven. God is de bron, het echte middelpunt van ons leven en bestaan. Al het andere is de omtrek. Echte Zelfhulp vindt alleen plaats wanneer je je verbinding met God tot stand brengt, de echte *bindu* (centrum), niet met de buitenkant.

Vraag: Amma hebben we er iets aan dit vlammetje van het ego uit te doven? Integendeel, we verliezen misschien zelfs onze identiteit als individu.

Amma: Natuurlijk verlies je door het vlammetje van het ego uit te maken je identiteit als klein, beperkt individu. Niettemin is dit absoluut niets vergeleken met wat je krijgt door dat schijnbare verlies: de zon van zuivere kennis, het onuitblusbare licht. Wanneer je je identiteit als klein, beperkt zelf verliest, word je één met dat wat groter dan het grootste is, het universum, het onvoorwaardelijke bewustzijn. Om deze ervaring te laten plaatsvinden heb je de voortdurende leiding van een *Satguru* (Echte Meester) nodig.

Vraag: Mijn identiteit verliezen! Is dat geen angstaanjagende ervaring?

Amma: Het is alleen het verlies van het kleine zelf. Ons Echte Zelf kan nooit verloren gaan. Het is angstaanjagend omdat je geweldig geïdentificeerd bent met je ego. Hoe groter het ego, hoe banger en ook kwetsbaarder je bent.

# Nieuws

Journalist: Amma wat is Uw mening over het nieuws en de nieuwsmedia?

Amma: Heel goed, als zij hun verantwoordelijkheden tegenover de samenleving eerlijk en waarheidsgetrouw vervullen. Zij bewijzen de mensheid een grote dienst.

Amma heeft een verhaal gehoord: Eens werd een groep mannen naar een bos gestuurd om er een jaar te werken. Twee vrouwen werden aangesteld om voor hen te koken. Toen het contract afliep, trouwden twee arbeiders in de groep met de twee vrouwen. De volgende dag bracht de krant het opwindende nieuws: "Twee procent van de mannen trouwt met 100 procent van de vrouwen!"

*De journalist genoot van het verhaal en moest hartelijk lachen.*

Amma: Zulke verslaggeving is prima als het voor de grap is, maar niet voor een eerlijk verslag.

# Het chocolaatje en het derde oog

E*en toegewijde dommelde in toen hij probeerde te mediteren. Amma wierp een chocolaatje naar hem toe. Amma mikt perfect. Het chocolaatje kwam precies op de plek tussen zijn wenkbrauwen terecht. De man opende zijn ogen met een schok. Met het chocolaatje in zijn hand keek hij rond om te zien waar het vandaan kwam. Toen Amma zijn hulpeloze conditie zag, barstte ze in lachen uit. Toen de man zich realiseerde dat Amma het gegooid had, klaarde zijn gezicht op. Hij bracht het chocolaatje naar zijn voorhoofd alsof hij ervoor boog. Maar het volgende moment lachte hij luid, stond toen op en liep naar Amma.*

Vraag: Het chocolaatje raakte de juiste plaats, tussen de wenkbrauwen, het spirituele centrum. Misschien helpt dit mijn derde oog te openen.

Amma: Het zal niet helpen.

Vraag: Waarom niet?

Amma: Omdat je 'misschien' zei. Dit betekent dat je twijfelt. Je vertrouwen is niet volledig. Hoe kan het gebeuren als je geen vertrouwen hebt?

Vraag: Zegt U dus dat het gebeurd zou zijn, als ik volledig vertrouwen gehad had?

Amma: Ja. Als je volledig vertrouwen hebt, kan realisatie ieder moment, overal plaatsvinden.

Vraag: Meent U dat?

Amma: Ja, natuurlijk.

Amma: O God, wat heb ik een grote kans gemist!

Amma: Maak je geen zorgen. Wees bewust en wees alert. Er zullen opnieuw kansen komen. Wees geduldig en blijf proberen.

*De man keek een beetje teleurgesteld en keerde zich om om terug naar zijn plaats te gaan.*

Amma (hem op de rug tikkend): Tussen twee haakjes, waarom lachte je zo hard?

*Toen de toegewijde de vraag hoorde, barstte hij weer in lachen uit.*

Vraag: Toen ik indutte tijdens mijn meditatie, had ik een prachtige droom. Ik zag dat U een chocolaatje gooide om mij wakker te maken. Plotseling werd ik wakker. Ik had een paar momenten nodig om me te realiseren dat U echt een chocolaatje had gegooid.

*Samen met de man, barstten Amma en alle toegewijden die daar zaten, in lachen uit.*

# De aard van verlichting

**V**raag Is er iets waarover U speciaal bezorgd of blij bent?

Amma: De uiterlijke Amma is bezorgd over het welzijn van Haar kinderen. En als onderdeel van de hulp die Zij Haar kinderen geeft om spiritueel te groeien, kan Ze soms zelfs blij met hen zijn of boos op hen. De innerlijke Amma blijft echter onverstoord en onthecht en verblijft in een toestand van voortdurende gelukzaligheid en vrede. Ze wordt niet beïnvloed door iets wat uiterlijk gebeurt, omdat Zij zich volledig bewust is van het grote geheel.

Vraag: De uiteindelijke rusttoestand wordt met veel bijvoeglijke naamwoorden omschreven. Bijvoorbeeld: onwankelbaar, stevig, onbeweeglijk, onveranderlijk, enzovoorts. Het klinkt als een solide, rotsachtige toestand. Amma, help mij alstublieft dit beter te begrijpen.

Amma: Die woorden worden gebruikt om de innerlijke toestand van onthechting over te brengen, het vermogen om gade te slaan en van alles getuige te zijn, om afstand te houden van alle omstandigheden in het leven.

Maar verlichting is niet een rotsachtige toestand waar men alle innerlijke gevoelens verliest. Het is een toestand van de geest, een spirituele verworvenheid, waarin je je kunt terugtrekken en geabsorbeerd kunt blijven wanneer je ook maar wilt. Nadat je de oneindige bron van energie hebt aangeboord, krijgt je vermogen om alles te voelen en uit te drukken een speciale onaardse schoonheid en diepte. Als een verlicht iemand dat wenst, kan hij emoties uitdrukken met iedere intensiteit die hij wil.

Sri Rama huilde toen de demonenkoning Ravana zijn heilige echtgenote Sita ontvoerd had. Klagend als een sterfelijke mens vroeg hij ieder schepsel in het bos: "Hebben jullie mijn Sita gezien? Waar is ze heen gegaan, mij alleen achterlatend?" Krishna's ogen waren vol tranen toen Hij Zijn dierbare vriend Sudama na zeer lange tijd terugzag. Dergelijke voorvallen zijn er ook in het leven Christus en Buddha. Deze Mahatma's waren zo oneindig als de eindeloze ruimte en konden daarom iedere emotie die zij wilden, reflecteren. Zij reflecteerden, maar reageerden niet.

Vraag: Reflecteerden?

Amma: Mahatma's antwoorden als een spiegel op situaties met perfecte spontaniteit. Eten wanneer je honger hebt, is een antwoord, terwijl eten steeds wanneer je voedsel ziet, een reactie is. Het is ook een ziekte. Antwoorden op een bepaalde situatie, er niet door beïnvloed worden en dan verdergaan naar het volgende moment, is wat een Mahatma doet.

Het voelen en uitdrukken van emoties en die eerlijk delen zonder terughoudendheid vergroot alleen de spirituele pracht en glorie van een verlicht iemand. Het is verkeerd dat als een zwakte te zien. Men moet het eerder zien als een uitdrukking van hun compassie en liefde op een veel menselijkere manier. Hoe zouden gewone mensen anders hun zorg en liefde kunnen begrijpen?

# De waarnemer

Vraag Wat weerhoudt ons ervan God te ervaren?

Amma: Het gevoel van anderszijn.

Vraag: Hoe kunnen we dat verwijderen?

Amma: Door steeds meer gewaar te worden, meer bewust.

Vraag: Bewust waarvan?

Amma: Bewust van alles wat innerlijk en uiterlijk gebeurt.

Vraag: Hoe worden we meer bewust?

Amma: Bewustzijn vindt plaats wanneer je begrijpt dat alles wat de geest projecteert, zinloos is.

Vraag: Amma, de geschriften zeggen dat de geest levenloos is, maar U zegt dat de geest projecteert. Dit klinkt tegenstrijdig. Hoe kan de geest projecteren als hij levenloos is?

Amma: Zoals mensen, vooral kinderen, verschillende vormen op de oneindige hemel projecteren. Kleine kinderen die naar de hemel kijken, zeggen: "Daar is een strijdwagen en daar loopt een demon. O, kijk eens naar het stralende gezicht van dat hemelse wezen!" enzovoort. Betekent dit dat deze vormen zich echt aan de hemel bevinden? Nee, de kinderen verbeelden zich eenvoudig die vormen aan de uitgestrekte hemel. In werkelijkheid zijn het de wolken die verschillende vormen aannemen. De hemel, de oneindige ruimte is er gewoon. Alle namen en vormen worden erop geprojecteerd.

Vraag: Maar als de geest levenloos is, hoe kan hij dan projecteren op de Atman of die bedekken?

Amma: Hoewel het lijkt alsof de geest ziet, is de Atman de echte waarnemer. De verzamelde neigingen, die de geest vormen, zijn als een bril. Iedereen draagt een verschillend gekleurde bril. Afhankelijk van de kleur van de glazen zien en beoordelen we de wereld. Achter deze bril blijft de Atman stil, als een getuige, en verlicht alles eenvoudig door zijn aanwezigheid. Maar wij verwarren de geest met de Atman. Stel dat we een roze zonnebril dragen. Zien we dan de hele wereld niet roze? Wie is hier de echte waarnemer? 'Wij' zijn de echte waarnemer en de bril is alleen maar levenloos, nietwaar?

We kunnen de zon niet zien als we achter een boom staan. Betekent dit dat de boom in staat is de zon te bedekken? Nee, hij toont alleen de beperkingen van onze ogen en ons gezichtsvermogen. Vergelijkbaar daarmee is het gevoel dat de geest de Atman kan bedekken.

Vraag: Als de Atman onze ware aard is, waarom moeten we dan moeite doen om hem te kennen?

Amma: Mensen hebben de verkeerde opvatting dat zij alles door inspanning kunnen bereiken. Inspanning is in feite de trots in ons. Op onze reis naar God zal alle inspanning die van het ego komt, instorten en tot mislukking leiden. Dit is een goddelijke boodschap, de boodschap dat overgave en genade nodig zijn. Dit doet ons uiteindelijk de beperkingen van onze inspanning, van ons ego beseffen. Kort gezegd, inspanning leert ons dat we onze doelen niet alleen door inspanning zullen bereiken. Uiteindelijk is genade de beslissende factor.

Of het nu het streven naar Godrealisatie of het vervullen van wereldse verlangens is, genade is de factor die het doel verwerkelijkt.

# Onschuld is goddelijke shakti

**Vraag** Kan een onschuldig iemand zwak zijn?

Amma: 'Onschuld' is een woord dat vaak verkeerd geïnterpreteerd wordt. Het wordt zelfs gebruikt om te verwijzen naar passieve en verlegen mensen. Onwetende en ongeletterde mensen worden gewoonlijk ook als onschuldig beschouwd. Onwetendheid is niet hetzelfde als onschuld. Onwetendheid is gebrek aan echte liefde, onderscheidingsvermogen en begrip, terwijl echte onschuld zuivere liefde met onderscheidingsvermogen en begrip is. Het is *shakti* (goddelijke energie). Zelfs in een verlegen persoon is ego. Een echt onschuldig iemand is helemaal zonder ego. Daarom is hij een zeer krachtig persoon.

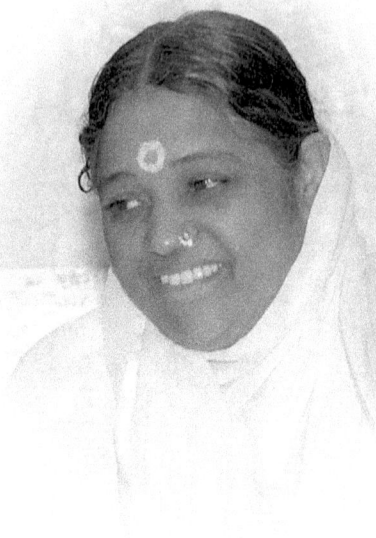

## *Amma kan niet anders zijn*

Amma (tot een toegewijde tijdens de darshan): Waar zit je aan te denken?

Toegewijde: Ik vroeg me af hoe U zo lang kunt zitten, uren aan een stuk, met absoluut geduld en stralend.

Amma (lachend): Dochter, hoe komt het dat je voortdurend denkt, zonder onderbreking?

Toegewijde: Het gebeurt gewoon. Ik kan niet anders.

Amma: Dus dat is het antwoord: het gebeurt gewoon. Amma kan niet anders zijn.

# Als het herkennen van je geliefde

En man stelde Amma een vraag over de minnaar - geliefde houding van een zoeker die het pad van devotie volgt.

Amma: Liefde kan overal op iedere tijd plaatsvinden. Het is als het herkennen van je geliefde in een mensenmassa. Je ziet haar in een hoek staan met duizenden andere mensen, maar je ogen zien haar en haar alleen. Je herkent haar, communiceert met haar en je wordt verliefd, is het niet zo? Je denkt niet. Het denken houdt op en plotseling ben je een paar minuten in het hart. Je blijft liefde ervaren. Op een dergelijke manier gebeurt het allemaal in een fractie van een seconde. Je bent precies daar, in het middelpunt van het hart, dat pure liefde is.

Vraag: Als dat het echte middelpunt van de liefde is, wat maakt dan dat we van dat punt afgaan en ervan afgeleid worden?

Amma: Bezitterigheid. Met andere woorden gehechtheid. Dat doodt de schoonheid van die zuivere ervaring. Als gehechtheid eenmaal de overhand krijgt, ga je de verkeerde kant op en liefde wordt ellende.

# Het gevoel van anderszijn

Vraag Zal ik in dit leven *samadhi* (verlichting) bereiken?

Amma: Waarom niet?

Vraag: Zo ja, wat moet ik doen om het proces te versnellen?

Amma: Op de eerste plaats: denk niet aan samadhi en concentreer je vol vertrouwen helemaal op je *sadhana* (spirituele oefeningen). Een echte *sadhak* (spirituele zoeker) gelooft meer in het heden dan in de toekomst. Wanneer we vertrouwen hebben in het huidige moment, zal al onze energie ook hier en nu zijn. Het resultaat is overgave. Geef je over aan het huidige moment en het zal gebeuren.

Alles gebeurt spontaan wanneer je je van je geest distantieert. Als dit eenmaal gebeurt, dan blijf je helemaal in het heden. De geest is de 'ander' in jou. Het is de geest die het gevoel van anderszijn creëert.

Amma zal je een verhaal vertellen. Er was eens een vermaard architect. Hij had verscheidene leerlingen. Met een van hen had de architect een heel merkwaardige relatie. Hij begon aan geen enkel werk totdat hij de goedkeuring van deze student gekregen had. Als de student nee zei tegen een bepaalde tekening of schets, gaf de architect die onmiddellijk op. De architect tekende het ene ontwerp na het andere totdat de leerling ja zei. De architect was geobsedeerd met het vragen naar de mening van zijn leerling.

Hij nam de volgende stap pas als de student zei: "Okay meneer, u kunt verdergaan met dit ontwerp."

Eens werden ze uitgenodigd om een tempeldeur te ontwerpen. De architect begon verschillende schetsen te tekenen. Zoals gewoonlijk liet hij ze allemaal aan zijn leerling zien. De leerling zei nee tegen alles wat de architect maakte. Hij werkte dag en nacht aan het maken van honderden nieuwe ontwerpen, maar de student mocht ze geen van alle. Ze kwamen in tijdnood en moesten het heel snel afhebben. Op een gegeven moment stuurde de architect de student weg om zijn pen met inkt te vullen. Het duurde een tijdje voor de leerling terugkwam. Ondertussen was de architect verdiept in het ontwerpen van een ander model. Net toen de student de kamer binnenkwam, was de architect met het nieuwe model klaar. Hij liet het aan de student zien en vroeg: "Wat vind je hiervan?"

"Ja, dat is het!" zei de student opgewonden.

"Nu weet ik waarom!" antwoordde de architect. "Tot nu toe was ik geobsedeerd door jouw aanwezigheid en mening. Daarom kon ik nooit honderd procent aanwezig zijn bij wat ik deed. Toen je weg was, voelde ik me vrij en ontspannen en kon ik me overgeven aan het moment. Zo is het gebeurd."

In werkelijkheid was het niet de aanwezigheid van de leerling die de belemmering vormde. Het was de gehechtheid van de architect aan zijn meningen. Toen hij daarvan afstand kon nemen, was hij plotseling in het heden en creëerde hij iets authentieks.

Denkend dat samadhi iets is wat in de toekomst plaatsvindt, zit je erover te dromen. Je verspilt een hoop *shakti* (goddelijke energie) door over samadhi te dromen. Leid die shakti door de juiste kanalen – gebruik die om je op het huidige moment te concentreren – en meditatie of samadhi zal gewoon plaatsvinden. Het doel ligt niet in de toekomst, het ligt in het heden. In het heden zijn is echt samadhi en dat is echte meditatie.

# Is God mannelijk of vrouwelijk?

Vraag Amma, is God mannelijk of vrouwelijk?

Amma: God is noch een hij, noch een zij. God is voorbij zulke beperkte definities. God is 'Het' of 'Dat.' Maar als je God als 'hij' of 'zij' moet definiëren, is 'zij' beter, omdat 'zij' 'hij' in zich heeft.

Vraag: Dit antwoord kan mannen irriteren, omdat het vrouwen op een hoger voetstuk plaatst.

Amma: Mannen noch vrouwen moeten op een hoger voetstuk geplaatst worden, omdat God aan hen beiden een eigen, schitterende plaats gegeven heeft. Mannen en vrouwen zijn niet gemaakt om met elkaar te concurreren maar om elkaars leven aan te vullen.

Vraag: Wat bedoelt U met 'aanvullen'?

Amma: Het betekent elkaar helpen en samen naar perfectie reizen.

Vraag: Amma, denkt U niet dat veel mannen zich superieur aan vrouwen voelen?

Amma: Of het gevoel nu is 'ik ben superieur' of 'ik ben inferieur', beide zijn voortbrengsels van het ego. Als mannen het gevoel hebben 'wij zijn superieur aan vrouwen', toont dat alleen hun opgeblazen ego, dat beslist een grote zwakheid is en ook destructief. Als vrouwen denken dat ze inferieur aan mannen zijn, betekent dat eveneens eenvoudig 'we zijn nu inferieur, maar we willen superieur zijn'. Dit kan toch alleen maar ego zijn? Het zijn allebei onjuiste en ongezonde houdingen die de afstand tussen mannen en vrouwen zal vergroten. Als we de kloof niet overbruggen door gepast respect te tonen en liefde te geven zowel aan mannen als vrouwen, zal de toekomst van de mensheid alleen maar donkerder worden.

# Spiritualiteit creëert evenwicht

Vraag Amma, toen U zei dat God meer een zij dan een hij is, bedoelde U niet de uiterlijke verschijning, nietwaar?

Amma: Nee, het is niet de uiterlijke verschijning. Het is de innerlijke realisatie die van belang is. Er is een vrouw in iedere man en omgekeerd. De vrouw in de man, dat wil zeggen de echte liefde en het mededogen in de man, moet wakker worden. Dit is de betekenis van de Ardhanarishvara (half god en half godin) in het hindoegeloof. Als het vrouwelijke aspect in een vrouw slaapt, is zij geen moeder en staat zij ver weg van God. Maar als dat aspect in een man wakker is, is hij meer moeder en dichter bij God. Dit is evenzeer van toepassing op het mannelijke aspect. Het hele doel van spiritualiteit is het juiste evenwicht te creëren tussen het mannelijke en het vrouwelijke. Daarom is het innerlijk ontwaken van bewustzijn belangrijker dan de uiterlijke verschijning.

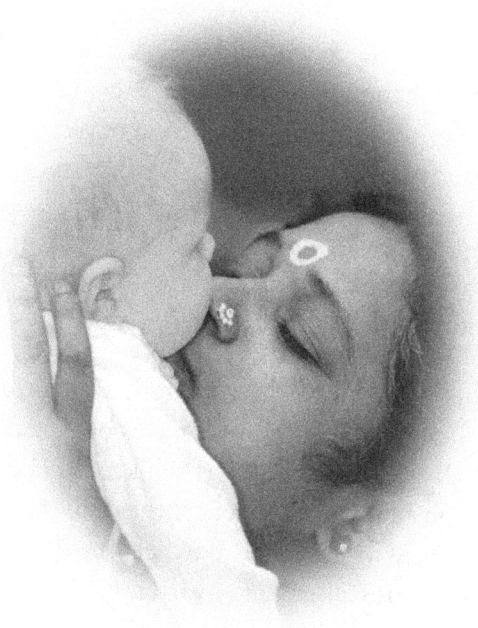

# Gehechtheid en liefde

E en man van middelbare leeftijd legde Amma uit hoe verdrietig hij zich voelde na zijn echtscheiding.

Vraag: Amma, ik hield zo veel van haar en deed alles wat ik kon om haar gelukkig te maken. Maar toch heeft deze tragedie zich in mijn leven voorgedaan. Soms voel ik me verslagen. Help me alstublieft. Wat moet ik doen? Hoe kan ik deze pijn te boven komen?

Amma: Mijn zoon, Amma begrijpt je pijn en je lijden. Het is moeilijk zulke deprimerende situaties te boven te komen. Het is echter ook belangrijk een juist begrip te hebben van wat je ervaart, vooral omdat het een struikelblok in je leven is geworden.

Het belangrijkste waarover je na moet denken is of dit verdriet uit echte liefde of uit gehechtheid voortkomt. In echte liefde is er geen zelfvernietigende pijn, omdat je eenvoudig van haar houdt en haar niet bezit. Waarschijnlijk ben je te veel aan haar gehecht of ben je te bezitterig. Daar komen dit verdriet en deze deprimerende gedachten vandaan.

Vraag: Heeft U een simpele methode of techniek om deze zelfvernietigende pijn te boven te komen?

Amma: "Is het werkelijke liefde of ben ik te gehecht?" Stel je deze vraag zo diep mogelijk. Denk erover na. Spoedig zul je je realiseren dat de liefde die we kennen, in werkelijkheid gehechtheid is. De meeste mensen verlangen naar gehechtheid, niet naar echte liefde. Dus Amma zou willen zeggen dat het een illusie is. In zekere zin bedriegen we onszelf. We verwarren gehechtheid met liefde. Liefde is het middelpunt en gehechtheid is aan de buitenkant. Wees in het middelpunt en maak je los van de buitenkant. Dan zal de pijn verdwijnen.

Vragensteller (op een bekennende toon): U hebt gelijk. Ik realiseer me nu dat het overheersende gevoel voor mijn ex-vrouw gehechtheid is en niet liefde, zoals U uitgelegd heeft.

Amma: Als je de grondoorzaak van de pijn hebt ingezien, laat die dan los en wees vrij. De ziekte is gediagnosticeerd, het geïnfecteerde deel is gevonden, verwijder het nu. Waarom wil je deze onnodige last meedragen? Gooi hem gewoon weg.

## Hoe we de gevaren in het leven kunnen overwinnen

Vraag Amma, hoe herken ik de op handen zijnde gevaren in het leven?

Amma: Door je onderscheidingsvermogen te vergroten.

Vraag: Is onderscheidingsvermogen hetzelfde als een subtiele geest?

Amma: Het is het vermogen van de geest om in het heden oplettend te blijven.

Vraag: Maar Amma, hoe waarschuwt me dat voor toekomstige gevaren?

Amma: Als je oplettend bent in het heden, zul je met minder

gevaren in de toekomst geconfronteerd worden. Je kunt echter niet alle moeilijkheden vermijden of voorkomen.

Vraag: Helpt *jyotish* (vedische astrologie) ons de toekomst beter te begrijpen en daardoor mogelijke gevaren te vermijden?

Amma: Zelfs deskundigen op dat gebied maken moeilijke perioden in hun leven mee. Er zijn astrologen die heel weinig onderscheidingsvermogen en intuïtie hebben. Zulke mensen brengen hun eigen leven in gevaar, en ook het leven van anderen. Astrologische kennis of je horoscoop laten uitleggen bevrijdt je niet van de gevaren in het leven. Een dieper inzicht in het leven en een scherpzinnige benadering van allerlei situaties helpen iemand echt om meer innerlijke rust en minder problemen te hebben.

Vraag: Zijn onderscheidingsvermogen en begrip hetzelfde?

Amma: Ja, ze zijn hetzelfde. Hoe meer onderscheidingsvermogen je hebt, hoe meer begrip je krijgt en omgekeerd.

Hoe groter je vermogen om in het heden te zijn, des te oplettender zul je worden en des te meer openbaringen zul je hebben. Je zult meer boodschappen van God krijgen. Ieder moment zijn er zulke boodschappen voor je. Als je open en ontvankelijk bent, kun je ze voelen.

Vraag: Zegt U dat deze openbaringen ons helpen mogelijke gevaren in de toekomst te herkennen?

Amma: Ja, je krijgt aanwijzingen en signalen door zulke openbaringen.

Vraag: Wat voor aanwijzingen en signalen?

Amma: Hoe weet je dat je aan migraineaanval gaat krijgen? Je zult je heel ongemakkelijk voelen en zult zwarte cirkels voor je ogen beginnen te zien, nietwaar? Als de symptomen zich manifesteren, zul je het juiste medicijn nemen en dat zal helpen. Op dezelfde manier verschijnen er voor mislukkingen of gevaren in het leven bepaalde signalen. Mensen merken die gewoonlijk niet op, maar als je een helderdere en ontvankelijke geest hebt, kun je ze voelen en de noodzakelijke stappen ondernemen om ze te overwinnen.

Amma heeft de volgende anekdote gehoord: Een journalist interviewde een succesvol zakenman. De verslaggever vroeg: "Meneer, wat is het geheim achter al uw succes?"

Zakenman: "Twee woorden."

Verslaggever: "Welke twee woorden?"

Zakenman: "Juiste beslissingen."

Verslaggever: "Hoe neemt u juiste beslissingen?"

Zakenman: "Eén woord."

Verslaggever: "Wat is dat?"

Zakenman: "Ervaring."

Verslaggever: "Hoe krijgt u zulke ervaring?"

Zakenman: "Twee woorden."

Verslaggever: "Welke twee woorden?"

Zakenman: "Verkeerde beslissingen."

Dus zie je, zoon, het hangt allemaal af van hoe je situaties accepteert, begrijpt en je eraan overgeeft.

Amma zal je een ander verhaal vertellen. De Kaurava's werden uitgenodigd door Yudhishthira om Indraprastha, de koninklijke hoofdstad van de Pandava's[3], te bezoeken. De plaats was zo bekwaam gebouwd dat sommige plaatsen op een prachtig meer leken, dat in werkelijkheid slechts een gewone vloer was. Zo ook waren er andere plaatsen die op een normale vloer leken, maar in werkelijkheid een bassin vol water waren. De hele omgeving had

---

[3] De Pandava's en de Kaurava's waren de twee partijen die in de Mahabharata-oorlog vochten.

een surrealistische sfeer. Toen de honderd broers onder leiding van Duryodhana, de oudste Kaurava, door de prachtige tuin liepen, trokken ze bijna hun kleren uit om te zwemmen, omdat ze dachten dat er een zwembad voor hen lag. Toch was het een gewone vloer die alleen op een bad leek. Maar het duurde niet lang eer alle broers inclusief Duryodhana in een echt zwembad vielen, dat op een gewone vloer leek. Zij werden helemaal nat. Panchali, de vrouw van de vijf broers, barstte in lachen uit toen ze dit lachwekkend tafereel zag. Duryodhana en zijn broers voelden zich hierdoor erg beledigd.

Dit was een belangrijk incident dat veel kwaadheid en verlangen naar wraak in de Kauravabroers veroorzaakte, wat later tot de Mahabharata-oorlog en een enorme vernietiging leidde.

Dit verhaal heeft heel veel betekenis. In het echte leven krijgen we ook met veel situaties te maken die echt gevaarlijk lijken, en daarom nemen we een aantal voorzorgsmaatregelen wanneer we ermee geconfronteerd worden. Maar uiteindelijk blijken ze misschien ongevaarlijk te zijn. En andere situaties die veilig lijken, kunnen uiteindelijk erg precair zijn. Niets is zonder betekenis. Daarom is het belangrijk dat we *shraddha* (scherp onderscheidingsvermogen, alertheid en bewustzijn) hebben wanneer we het leven en de verschillende situaties die het met zich meebrengt, tegemoet treden.

# Je moet Gods rijkdom niet oppotten

Vraag Is vergaren en bezitten een zonde?

Amma: Het is geen zonde zolang je meedogend bent. Met andere woorden je moet de bereidheid hebben om te delen met de armen en hulpbehoevenden.

Vraag: En anders?

Amma: Anders is het een zonde.

Vraag: Waarom?

Amma: Omdat alles wat hier is, van God is. Ons eigenaarschap is tijdelijk. Het komt en gaat.

Vraag: Maar wil God niet dat we alles gebruiken wat hij voor ons geschapen heeft?

Amma: Natuurlijk, maar God wil niet dat we deze dingen verkeerd gebruiken. God wil ook dat we ons onderscheidingsvermogen gebruiken als we genieten van alles wat Hij geschapen heeft.

Vraag: Wat is onderscheidingsvermogen?

Amma: Onderscheidingsvermogen is kennis op zo'n manier toepassen dat die je niet misleidt. Met andere woorden het gebruik van kennis om onderscheid te maken tussen *dharma* en *adharma* (rechtvaardigheid en onrechtvaardigheid), het blijvende en het tijdelijke is onderscheidingsvermogen.

Vraag: Hoe gebruiken we de objecten van de wereld dan met onderscheidingsvermogen?

Amma: Doe afstand van het eigenaarschap. Beschouw alles als Gods bezit en geniet ervan. Deze wereld is een tijdelijke halte. Je bent hier een korte periode, als bezoeker. Uit onwetendheid verdeel je alles, iedere centimeter land, tussen jou en hen. Het stuk land dat jij als het jouwe opeist, heeft daarvoor aan vele anderen toebehoord. Nu liggen de vorige eigenaren erin begraven. Vandaag kan het jouw beurt zijn om de rol van eigenaar te spelen, maar vergeet niet dat jij op een dag ook zult verdwijnen. Dan zal er iemand anders komen en je opvolgen. Heeft het dus zin het eigenaarschap op te eisen?

Vraag: Wat voor rol hoor ik hier te spelen?

Amma: Wees Gods dienaar. God, de schenker van alles, wil dat je Zijn rijkdom met iedereen deelt. Als dat Gods wil is, wie ben jij dan om het voor jezelf te houden? Als je tegen Gods wil in weigert te delen, dan is dat oppotten, wat gelijk staat met stelen. Heb gewoon de houding dat je een bezoeker van deze wereld bent.

Eens kwam een man een Mahatma opzoeken. Toen de man geen meubilair of versiering in het huis zag, vroeg hij de Mahatma: "Wat vreemd! Waarom zijn er hier geen meubels?"

"Wie bent u?" vroeg de Mahatma hem.

"Ik ben een bezoeker," antwoordde de man.

"Ik ook," zei de Mahatma. "Waarom zou ik dus dom te werk gaan door dingen te verzamelen?"

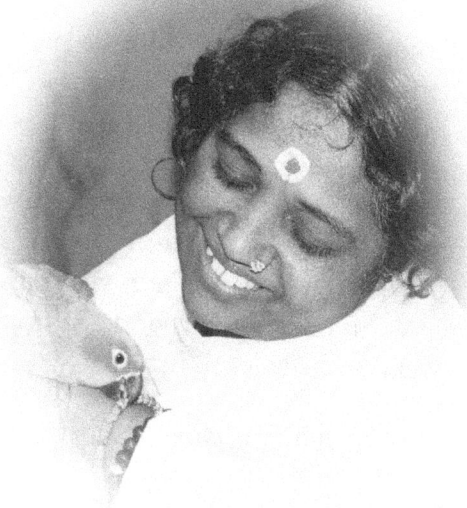

# Amma en de natuur

Vraag Wat is Uw relatie met de natuur?

Amma: Amma's verbinding met de natuur is geen relatie.
Het is totale eenheid. Een minnaar van God is ook een
minnaar van de natuur, omdat God en de natuur niet twee zijn.
Als je de toestand van verlichting bereikt, word je met het hele
universum verbonden. In Amma's relatie met de natuur is er geen
minnaar of geliefde. Er is alleen liefde. Er zijn er geen twee, er is
er slechts een. Er is alleen maar liefde.

Gewoonlijk ontbreekt het aan echte liefde in relaties. In
gewone liefdesrelaties zijn er twee, of je zou kunnen zeggen dat
er drie zijn: de minnaar, de geliefde en de liefde. Bij echte liefde
echter verdwijnen de minnaar en de geliefde en wat overblijft is
een ononderbroken ervaring van zuivere, onvoorwaardelijke liefde.

Vraag: Wat is de natuur voor de mensen?

Amma: De natuur betekent leven voor de mensen. Ze is een essentieel onderdeel van ons bestaan. Het is een wederzijdse relatie die op ieder moment en op ieder niveau bestaat. We zijn niet alleen totaal afhankelijk van de natuur, maar wij beïnvloeden haar en zij beïnvloedt ons. En wanneer we echt van de natuur houden, antwoordt ze op dezelfde manier en opent haar eindeloze rijkdommen voor ons. En zoals wanneer we echt van een ander houden, moeten we in onze liefde voor de natuur oneindig veel vertrouwen, geduld en mededogen hebben.

Vraag: Is deze relatie een uitwisseling of is het wederzijdse hulp?

Amma: Het is allebei en zelfs meer. Maar de natuur blijft bestaan, ook zonder mensen. Ze weet hoe ze voor zichzelf moet zorgen, maar mensen hebben de steun van de natuur voor hun bestaan nodig.

Vraag: Wat gebeurt er wanneer de uitwisseling tussen de natuur en mensen volledig wordt?

Amma: Ze zal ophouden dingen voor ons te verbergen. Ze zal haar oneindige schatten van natuurlijke rijkdommen openen en zal ons ervan laten genieten. Als een moeder zal ze ons beschermen, verzorgen en voeden.

Bij een perfecte relatie tussen de mensheid en de natuur wordt er een kringvormig energieveld gecreëerd, waarbij beide in elkaar beginnen over te gaan. Om het anders te zeggen: wanneer wij, mensen, verliefd worden op de natuur, zal zij verliefd op ons worden.

Vraag: Wat doet de mensen zo wreed handelen tegenover de natuur? Is het egoïsme of gebrek aan inzicht?

Amma: Het is allebei. In feite is het gebrek aan inzicht dat zich manifesteert als egoïstische handelingen.

In de grond is het onwetendheid. Uit onwetendheid denken de mensen dat de natuur gewoon een plaats is vanwaar ze kunnen blijven nemen zonder te geven. De meeste mensen denken alleen in termen van exploitatie. Door hun enorm egoïsme zijn ze niet in staat rekening te houden met hun medemensen. In de wereld van vandaag is onze relatie met de natuur alleen maar een verlengstuk van het egoïsme dat we in ons voelen.

Vraag: Amma, wat bedoelt U met rekening houden met anderen?

Amma: Wat Amma bedoelt is anderen met mededogen zien. Om met anderen – de natuur of mensen – rekening te houden is de allereerste eigenschap die je moet ontwikkelen een diepe innerlijke verbinding, een verbinding met je eigen geweten. Geweten in de ware zin van het woord is het vermogen anderen als jezelf te zien. Net zoals je je eigen beeld in een spiegel ziet, zie je anderen als jezelf. Je reflecteert anderen en hun gevoelens, zowel geluk als verdriet. We moeten dit vermogen in onze relatie met de natuur ontwikkelen.

Vraag: De oorspronkelijke bewoners van dit land waren de Indianen. Zij aanbaden de natuur en hadden een diepe verbondenheid met haar. Denkt U dat wij dat ook moeten doen?

Amma: Wat iedereen moet doen, hangt af van zijn mentale gesteldheid. De natuur is echter een deel van het leven, een deel van het geheel. De natuur is echt God. Het aanbidden van de natuur is hetzelfde als het aanbidden van God.

Door de berg Govardhana te aanbidden leerde Heer Krishna ons een grote les, namelijk om de aanbidding van de natuur tot een deel van ons dagelijks leven te maken. Hij vroeg zijn mensen de berg Govardhana te aanbidden omdat die hen beschermde. Op dezelfde manier deed Heer Rama voordat hij de brug over de zee bouwde, drie dagen zware ascese om de oceaan te behagen. Zelfs Mahatma's tonen zeer veel respect en eerbied voor de natuur en vragen om haar zegen voordat ze met een bepaalde activiteit beginnen. In India zijn tempels voor vogels, dieren, bomen en zelfs voor hagedissen en vergiftige slangen. Dit is om het grote belang van het verband tussen mensen en de natuur te benadrukken.

Vraag: Amma, wat is Uw advies om de relatie tussen de mensen en de natuur te herstellen?

Amma: Laten we meedogend en attent zijn. Laten we alleen van de natuur nemen wat we echt nodig hebben en dan proberen het enigszins terug te geven. Want alleen door te geven, zullen we ontvangen. Een zegen is iets wat naar ons terugkomt als reactie op de manier waarop we iets benaderen. Als we de natuur met liefde benaderen, haar als het leven zien, als God, als deel van ons eigen bestaan, dan zal ze ons als onze beste vriend dienen, een vriend die we altijd kunnen vertrouwen, een vriend die ons nooit zal verraden. Maar als onze houding tegenover de natuur verkeerd is, dan zal de natuur in plaats van te reageren met een zegen, een negatieve reactie geven. De natuur zal zich tegen het menselijke ras keren, als we niet voorzichtig zijn hoe we met haar omgaan. De gevolgen kunnen dan rampzalig zijn.

Veel van Gods mooie creaties zijn al verloren gegaan door het wangedrag van de mensen en totale minachting voor de natuur. Als we doorgaan zo te handelen, zal het alleen de weg plaveien voor onheil.

# Sannyasa, het hoogtepunt van het menselijk bestaan

Vraag Wat is *sannyasa?*

Amma: Sannyasa is het hoogtepunt van het menselijk bestaan. Het is de vervulling van het menselijke leven.

Vraag: Is sannyasa een toestand van de geest, of is het iets anders?

Amma: Sannyasa is zowel een toestand van de geest als een toestand van 'geen geest.'

Vraag: Amma, hoe legt U die toestand, of wat het dan ook is, uit?

Amma: Wanneer zelfs wereldse ervaringen moeilijk uit te leggen zijn, hoe kan men dan sannyasa, de hoogste vorm van ervaring, uitleggen? Het is een toestand waarin men innerlijk volledige vrijheid van keuze heeft.

Vraag: Amma, ik weet dat ik te veel vragen stel, maar wat bedoelt U met 'innerlijke vrijheid van keuze'?

Amma: Mensen zijn een slaaf van hun gedachten. De geest is niets anders dan een constante stroom van gedachten. De druk die gecreëerd wordt door deze gedachten maakt je een hulpeloos slachtoffer van uiterlijke situaties. Iedereen heeft ontelbare gedachten en emoties, zowel subtiel als grof. Omdat de meeste mensen niet goed kunnen waarnemen en geen onderscheid kunnen maken tussen goede en slechte gedachten, productieve en destructieve, vallen zij gemakkelijk ten prooi aan schadelijke impulsen en raken geïdentificeerd met negatieve emoties. In de hoogste staat van sannyasa heeft men de keuze zich te identificeren met of onthecht te blijven van iedere afzonderlijke emotie en gedachte. Je hebt de keuze mee te werken of niet mee te werken met iedere gedachte, emotie en gegeven situatie. Ook als je kiest je te identificeren, heb je de optie je terug te trekken en verder te gaan op ieder moment dat je wilt. Dit is werkelijk volledige vrijheid.

Vraag: Wat is de betekenis van het okerkleed dat *sannyasi's* dragen?

Amma: Het geeft aan wat je innerlijk bereikt hebt of het doel dat je wilt bereiken. Het betekent ook dat je niet meer geïnteresseerd bent in wereldse prestaties. Het is een openlijke verklaring dat je leven aan God en de realisatie van het Zelf gewijd is. Het betekent dat je lichaam en geest door het vuur van *vairagya* (onthechting) verteerd worden en dat je niet meer tot een bepaalde natie, kaste, geloof, sekte of religie behoort. Maar sannyasa is niet alleen het dragen van gekleurde kleren.

Het kleed is alleen een symbool dat een zijnstoestand, de transcendente toestand aanduidt. Sannyasa is een innerlijke verandering in je houding tegenover het leven en hoe je het waarneemt. Je wordt totaal egoloos. Nu behoor je niet meer aan jezelf toe, maar aan de wereld, en je leven is een offer geworden om de mensheid te dienen. In die toestand verwacht of eis je nooit iets van iemand. In de toestand van echte sannyasa wordt je meer een aanwezigheid dan een persoonlijkheid.

Wanneer de leerling tijdens de ceremonie sannyasa van de Meester ontvangt, knipt de leerling het kleine plukje haar dat hij altijd gedragen heeft, van de achterkant van zijn hoofd af. De leerling offert dan zowel het plukje haar als zijn heilige draad[4] in

---

[4] De yajnopavita die uit drie draden bestaat, wordt over het lichaam heen

het offervuur. Dit symboliseert het opgeven van alle gehechtheid aan het lichaam, de geest en het intellect en aan alle genietingen, nu en in de toekomst.

Sannyasi's horen hun haar ofwel lang te laten groeien of helemaal af te scheren. In vroeger tijden lieten sannyasi's hun haar in samengeklitte lokken groeien. Dit toont onthechting tegenover het lichaam. Je bent niet langer geïnteresseerd in het verfraaien van het lichaam, omdat werkelijke schoonheid in het kennen van de Atman ligt. Het lichaam is veranderlijk, vergankelijk. Wat heeft het voor zin er onnodig aan gehecht te raken, wanneer je ware aard het onveranderlijke en onsterfelijke Zelf is?

Zich hechten aan het voorbijgaande is de oorzaak van alle verdriet en lijden. Een sannyasi is iemand die deze grote waarheid gerealiseerd heeft, de voorbijgaande aard van de uiterlijke wereld en de onvergankelijke aard van bewustzijn, dat schoonheid en bekoring aan alles geeft.

Echte sannyasa is niet iets wat gegeven kan worden, het is eerder een bewustwording.

Vraag: Betekent dat dat het een verworvenheid is?

Amma: Je stelt weer dezelfde vraag. Sannyasa is het hoogtepunt van alle voorbereidingen die bekend staan als *sadhana* (spirituele oefeningen).

Kijk, we kunnen alleen iets verwerven wat niet van ons is, iets wat geen deel van ons is. De toestand van sannyasa is de kern van ons bestaan, dat wat we werkelijk zijn. Totdat je je dat realiseert, mag je het een verworvenheid noemen, maar op het moment dat echte kennis daagt, begrijp je dat dit het echte 'jij' is en dat je er nooit van gescheiden was en dat je dat nooit kon zijn.

Iedereen heeft dit vermogen om te kennen wat we werkelijk

gedragen om de verantwoordelijkheden te symboliseren die men tegenover de familie, de samenleving en de Guru heeft.

zijn. We bevinden ons in een vergeetachtige toestand. Iemand moet ons herinneren aan deze oneindige kracht in ons.

Er is bijvoorbeeld iemand die de kost verdient door op straat te bedelen. Op een dag komt er een vreemdeling naar hem toe en zegt: "Hé, wat doe je hier? Je bent geen bedelaar en geen rondtrekkende zwerver. Je bent een multimiljonair."

De bedelaar gelooft de vreemdeling niet en loopt weg. Hij negeert hem volledig. Maar de vreemdeling is liefdevol volhardend. Daarom volgt hij de bedelaar en zegt hem: "Vertrouw me. Ik ben je vriend en ik wil je helpen. Wat ik je vertel is de waarheid. Je bent echt een rijke man en de rijkdom die je bezit is heel dicht bij je."

Nu is de nieuwsgierigheid van de bedelaar gewekt en dus vraagt hij: "Heel dicht bij me? Waar?"

"In de hut waar je woont," antwoordt de vreemdeling. "Een beetje graven is genoeg om het voor altijd jouw eigendom te laten worden."

Nu wil de bedelaar geen moment meer verspillen. Hij keert onmiddellijk naar huis terug en graaft de schat op.

De vreemdeling vertegenwoordigt de Echte Meester, die ons de juiste informatie geeft en ons overtuigt, overhaalt en inspireert de kostbare schat die in ons verborgen ligt, op te graven. Wij zijn in een vergeetachtige toestand. De Guru helpt ons te weten wie we werkelijk zijn.

# Er is slechts één dharma

Vraag Zijn er veel dharma's?

Amma: Nee, er is slechts één dharma.

Vraag: Maar de mensen praten over verschillende dharma's.

Amma: Dat is omdat zij de ene werkelijkheid niet zien. Zij zien alleen de veelheid, de verschillende namen en vormen.

Afhankelijk van ieders *vasana's* (neigingen) is er evenwel meer dan één dharma, bij wijze van spreken. Een musicus kan bijvoorbeeld zeggen dat muziek zijn dharma is. Zo ook kan een zakenman zeggen dat zakendoen zijn dharma is. Dat is prima. Men kan hierin echter geen volledige vervulling vinden. Dat wat absolute voldoening of tevredenheid schenkt, is het echte dharma. Wat men ook doet, als men niet tevreden met zichzelf is, zal innerlijke rust je ontglippen en zal het gevoel 'er ontbreekt iets' blijven. Niets, geen enkele wereldse prestatie, zal deze lege ruimte in iemands leven opvullen. Iedereen zal zijn eigen middelpunt in zichzelf moeten vinden om dit gevoel van vervulling te laten opkomen. Dit is het echte dharma. Tot dan zul je alsmaar in een kringetje rondlopen op zoek naar vrede en blijheid.

Vraag: Als iemand dharma feilloos volgt, zal dat dan zowel materiële welvaart als spirituele groei geven?

Amma: Ja, als je dharma in de ware betekenis volgt, zal het je zeker helpen beide te krijgen.

Ravana, de demonenkoning, had twee broers, Kumbha-karna en Vibhishana. Toen Ravana Sita, de heilige echtgenote van Heer Rama, ontvoerde, waarschuwden beide broers Ravana herhaaldelijk voor de rampzalige gevolgen die dat kon hebben en adviseerden hem Sita aan Rama terug te geven. Hij negeerde al hun pleidooien volkomen en verklaarde uiteindelijk Rama de oorlog. Hoewel Kumbhakarna zich bewust was van de verkeerde houding van zijn oudere broer, gaf hij uiteindelijk aan Ravana toe door zijn gehechtheid aan hem en zijn liefde voor het duivelse ras.

Vibhishana daarentegen was een zeer vrome en toegewijde ziel. Hij kon de wegen van zijn broer, die tegen dharma ingingen, niet accepteren en bleef zijn bezorgdheid uitdrukken om te proberen de houding van zijn broer te veranderen. Maar Ravana accepteerde het standpunt van zijn broer nooit, hij dacht er niet over na en luisterde er zelfs niet naar. Uiteindelijk werd de uiterst egoïstische Ravana zo kwaad op zijn jongste broer, dat hij hem uit het land verbande vanwege zijn vasthoudendheid. Vibhishana zocht zijn toevlucht aan Rama's voeten. In de oorlog die volgde, werden Ravana en Kumbhakarna gedood en werd Sita bevrijd. Voordat Rama naar Ayodhya, zijn vaderland, terugkeerde, kroonde Hij Vibhishana tot koning van Lanka.

Van alle drie de broers was Vibhishana de enige die een even-wicht kon scheppen tussen zijn wereldse en spirituele dharma's. Hoe kon hij dit doen? Het was het resultaat van zijn spirituele zienswijze ook tijdens het vervullen van zijn wereldse verantwoor-delijkheden, en niet omgekeerd. Deze manier van het vervullen van wereldse verantwoordelijkheden zal iemand naar de toestand van hoogste vervulling leiden. De andere twee broers, Ravana en Kumbhakarna, hadden daarentegen een wereldse zienswijze zelfs toen ze hun spirituele dharma vervulden.

Vibhishana's houding was onbaatzuchtig. Hij vroeg Rama niet hem tot koning te maken. Hij wilde alleen stevig in dharma geworteld zijn. Maar die onwankelbare gelofte en vastberadenheid schonken hem alle zegeningen. Hij bereikte zowel materiële als spirituele voorspoed.

Vraag: Amma, dat was prachtig, maar echte spirituele zoekers verlangen niet naar materiële voorspoed, nietwaar?

Amma: Nee, het enige dharma van een oprechte zoeker is verlichting. Hij zal met niets anders genoegen nemen dan met die ervaring. Al het andere is irrelevant voor zo iemand.

Vraag: Amma, ik heb nog één vraag. Denkt U dat er Ravana's en Kumbhakarna's in de wereld van vandaag zijn? Als dat zo is, is overleven in de samenleving dan gemakkelijk voor Vibhishana's?

Amma (lachend): Er is een Ravana en Kumbhakarna in iedereen. Het is alleen een verschil in gradatie. Natuurlijk zijn er ook mensen met extreem duivelse eigenschappen zoals Ravana en Kumbhakarna. Alle chaos en conflicten die we in de huidige wereld zien, zijn slechts het eindresultaat van zulke geesten. Maar echte Vibhishana's zullen overleven omdat zij hun toevlucht tot Rama of God nemen, die hen zal beschermen.

Vraag: Hoewel ik zei dat dit mijn laatste vraag zou zijn, heb ik er eigenlijk nog een, als Amma mij toestaat.

Amma (in het Engels): Okay, vraag maar.

Vraag: Wat vindt U persoonlijk van deze moderne Ravana's?

Amma: Ook zij zijn Amma's kinderen.

# Verenigde activiteit als dharma

In dit *Kaliyuga* (donker tijdperk van materialisme) is de algemene neiging van mensen over de hele wereld om allemaal hun eigen gang te gaan. Ze leven geïsoleerd als op een eiland zonder innerlijke verbinding. Dit is gevaarlijk en zal de dichtheid van de duisternis die ons omringt, alleen vergroten. Of het nu tussen mensen of tussen mensen en de natuur is, het is liefde die de brug, de verbinding schept. Verenigde activiteit is de kracht van de wereld van vandaag. Dus dat moet als een van de belangrijkste *dharma's* (plichten) in deze periode beschouwd worden"

# Devotie en bewustzijn

**V**raag Is er een verband tussen bewustzijn en devotie?

Amma: Zuivere devotie is onvoorwaardelijke liefde. Onvoorwaardelijke liefde is overgave. Volledige overgave betekent volledig open of onbegrensd zijn. Die openheid of onbeperktheid is bewustzijn. Dat is werkelijk Goddelijkheid.

## Het gesloten hart van een leerling openen

**V**raag Amma, U vertelt Uw toegewijden en leerlingen dat een persoonlijke Guru absoluut noodzakelijk is om God te bereiken, maar U beschouwde de gehele schepping als Uw Guru. Denkt U niet dat anderen die optie ook hebben?

Amma: Natuurlijk hebben ze die, maar op het spirituele pad werken opties gewoonlijk niet.

Vraag: In Uw geval werkte het wel, nietwaar?

Amma: In Amma's geval was het niet een optie. Het was eerder gewoon spontaan.

Kijk mijn zoon, Amma legt niemand iets op. Voor diegenen die het onwankelbare vertrouwen hebben dat ze íedere situatie, zowel negatief als positief, als een boodschap van God kunnen zien, is een uiterlijke Guru niet nodig. Maar hoeveel mensen hebben die vastberadenheid en kracht?

De weg naar God is niet iets wat geforceerd kan worden. Dat werkt niet. Integendeel, forceren kan zelfs het hele proces vernielen. Op deze weg moet de Guru oneindig veel geduld met de leerling hebben. Zoals een bloemknop opengaat en een prachtige, geurige bloem wordt, helpt de Guru het gesloten hart van de leerling helemaal open te gaan.

De leerlingen zijn onwetend en de Guru is wakker. De leerlingen hebben geen benul van de Guru en het niveau waarop hij functioneert. Door hun onwetendheid kunnen de leerlingen bij tijden uiterst ongeduldig worden. Omdat ze kritisch zijn ingesteld, kunnen ze zelfs aanmerkingen op de Guru maken. In zulke omstandigheden kan alleen de onvoorwaardelijke liefde en het mededogen van de Perfecte Meester de leerling echt helpen.

# De betekenis van dankbaarheid

Vraag Wat betekent dankbaarheid tegenover de Meester of God?

Amma: Het is een nederige, open en vrome houding die je helpt Gods genade te ontvangen. Een echte Meester heeft niets te winnen of te verliezen. Omdat de Meester in de hoogste staat van onthechting gevestigd is, wordt hij er niet door beïnvloed of je dankbaar bent of niet. Een dankbare houding helpt je echter ontvankelijk te zijn voor Gods genade. Dankbaarheid is een innerlijke houding. Wees God dankbaar omdat dat de beste manier is om uit de beperkte wereld die door het lichaam en de geest geschapen wordt, te komen en de onbegrensde innerlijke wereld binnen te gaan.

# De kracht achter het lichaam

**V**raag Is iedere ziel verschillend, met een afzonderlijk individueel bestaan?

Amma: Is elektriciteit verschillend hoewel het zich verschillend manifesteert in ventilatoren, koelkasten, televisies en andere apparaten?

Vraag: Nee, maar hebben zielen een afzonderlijk bestaan na de dood?

Amma: Afhankelijk van hun *karma* (de resultaten van activiteiten in het verleden) en alle *vasana's* (neigingen) zullen zij een schijnbaar afzonderlijk bestaan hebben.

Vraag: Hebben onze individuele zielen zelfs in die toestand verlangens?

Amma: Ja, maar ze kunnen die niet vervullen. Zoals iemand die volledig verlamd is, niet op kan staan en de dingen pakken die hij wil, zijn zulke zielen niet in staat hun verlangens te vervullen omdat zij geen lichaam hebben.

Vraag: Hoelang blijven zij zo?

Amma: Het hangt van de intensiteit van hun *prarabdha karma* (de zich nu manifesterende resultaten van handelingen in het verleden) af.

Vraag: Wat gebeurt er wanneer dat is uitgeput?

Amma: Ze worden opnieuw geboren en de cyclus gaat door totdat ze zich realiseren wie ze werkelijk zijn.

Door onze identificatie met ons lichaam en onze geest denken we: "Ik ben de doener, ik ben de denker," enzovoort, enzovoort. In werkelijkheid kan zonder de aanwezigheid van de *Atman* (het Zelf) noch het lichaam, noch de geest functioneren. Zijn er machines die zonder elektriciteit kunnen werken? Is het niet de kracht van de elektriciteit die alles in beweging brengt? Zonder die kracht is zelfs een reusachtige machine alleen maar enorme hoop ijzer of staal. Op dezelfde manier is het de aanwezigheid van de Atman die ons alles laat doen, wie of wat we ook zijn. Zonder dat zijn we slechts dode materie. Als we de Atman vergeten en louter aanbidders van het lichaam worden, is dat alsof we de elektriciteit negeren en verliefd worden op een stuk gereedschap.

# Twee vitale ervaringen

Vraag Kunnen Perfecte Meesters de tijd en omstandigheden van hun geboorte en dood kiezen?

Amma: Alleen een perfect wezen heeft totale controle over die situaties. Alle anderen zijn volkomen hulpeloos tijdens deze twee vitale ervaringen. Niemand zal je vragen waar je geboren wilt worden of wie of wat je wilt zijn. Evenzo zul je geen bericht krijgen met de vraag of je klaar bent om te sterven.

Zowel degene die voortdurend klaagde over zijn kleine eenkamerflatje als degene die van de luxe van zijn villa genoot, zullen stil en op hun gemak blijven liggen in de kleine ruimte van een doodskist, wanneer de aanwezigheid van de *Atman* (het Zelf) er niet meer is. Iemand die geen seconde zonder airconditioning kon leven, zal absoluut geen probleem hebben wanneer zijn lichaam op de brandstapel verbrand wordt. Waarom? Omdat het nu alleen maar een levenloos object is.

Vraag: De dood is een angstaanjagende ervaring, nietwaar?

Amma: Het is angstaanjagend voor diegenen die hun leven volledig geïdentificeerd met het ego leiden, zonder na te denken over de realiteit die voorbij het lichaam en de dood ligt.

# Rekening houden met anderen

Een toegewijde wilde een ongecompliceerde, gemakkelijk te begrijpen korte uitleg van spiritualiteit.

Amma zei: "Vol compassie rekening houden met anderen is spiritualiteit."

"Fantastisch zei de man," en hij stond op om te vertrekken. Amma pakte plotseling zijn arm beet en zei: "Ga zitten."

De man gehoorzaamde. Terwijl Amma de toegewijde die darshan ontving met één hand vasthield, boog zich Zij dicht naar hem toe en vroeg hem zachtjes in het Engels: "Verhaal?"

De man was een beetje versteld. "Amma, wilt U dat ik een verhaal vertel?"

Amma lachte en antwoordde: "Nee, wil jij een verhaal horen?"

De opgewonden man antwoordde: "Ik wil zeker Uw verhaal horen. Wat een zegen!"

Amma begon toen het verhaal te vertellen:

"Op een keer toen een man lag te slapen met zijn mond wijd open, vloog er een vlieg in. En van toen af voelde de man altijd dat de vlieg in hem leefde.

Naarmate zijn verbeelding over de vlieg toenam, begon de arme kerel steeds meer te piekeren. Spoedig culmineerde zijn piekeren in intens lijden en depressie. Hij kon niet eten of slapen. Er was geen vreugde in zijn leven. Zijn gedachten waren altijd op de vlieg gericht. Men kon hem altijd de vlieg van het ene deel van zijn lichaam naar het andere zien jagen.

Hij bezocht artsen, psychologen en psychiaters en een aantal andere hulpverleners om van de vlieg af te komen. Iedereen zei: 'Kijk, je bent in orde. Er zit geen vlieg in je. Zelfs als er een vlieg bij je naar binnen zou zijn gegaan, zou hij al lang geleden gestorven zijn. Houd op met piekeren. Alles is in orde met je.'

Maar de man geloofde hen geen van allen en bleef lijden. Op een dag nam een goede vriend hem mee naar een Mahatma. Nadat de Mahatma met grote aandacht naar zijn verhaal over de vlieg geluisterd had, onderzocht hij hem en zei: 'Je hebt gelijk. Er zit een vlieg in je. Ik zie hem heen en weer bewegen.'

De Meester keek nog steeds in zijn wijd open mond en zei: 'O mijn God! Kijk nou eens! Hij is door de maanden heen groot geworden.'

Toen de Mahatma deze woorden sprak, wendde de man zich tot zijn vriend en vrouw en zei: 'Zie je wel, die idioten wisten er niets van. Deze man hier begrijpt me. In minder dan geen tijd heeft hij de vlieg ontdekt.'

De Mahatma zei: 'Beweeg helemaal niet. Zelfs de geringste beweging kan het hele proces verstoren.' Toen bedekte hij de man van top tot teen met een dikke deken. 'Dit zal het proces sneller doen verlopen. Ik wil het hele lichaam en zelfs de binnenkant van het lichaam donker maken, zodat de vlieg niets kan zien. Je mag dus zelfs je ogen niet openen.'

De man had al zo'n sterk vertrouwen in de Mahatma ontwikkeld dat hij voor honderd procent bereid was alles te doen wat de Mahatma zei.

'Ontspan je nu en lig stil.' Toen de Mahatma dit zei, ging hij naar een andere kamer met de bedoeling een levende vlieg te vangen. Uiteindelijk slaagde hij erin er eentje te vangen en kwam ermee terug in een fles.

De Mahatma begon zijn handen zachtjes over het lichaam van de patiënt te bewegen. Terwijl hij dit deed, gaf hij een doorlopend verslag van de bewegingen van de vlieg. Hij zei: 'Okay, beweeg nu niet, de vlieg zit nu op je maag... Voordat ik iets kon doen, vloog hij weg en ging boven op je longen zitten. Ik had hem bijna

te pakken... O nee! Hij is opnieuw ontsnapt! O jeetje... Hij is
snel! Nu zit hij weer op je maag... Prima. Nu ga ik een mantra
herhalen die de vlieg bewegingloos maakt.'

Toen deed hij alsof hij de vlieg ving en hem uit de maag van
de man haalde. Een paar seconden later vroeg de Mahatma de
man zijn ogen te openen en de deken te verwijderen. Toen hij
dat deed, liet de Mahatma hem de vlieg zijn die hij al gevangen
en in de fles gedaan had.

De man was door het dolle heen. Hij begon te dansen. Hij
zei tegen zijn vrouw: 'Ik heb je wel honderd keer verteld dat ik
gelijk had en dat die psychologen dwazen waren. Nu ga ik direct
naar ze toe. Ik wil al mijn geld terug!'

In werkelijkheid was er geen vlieg. Het enige verschil was dat
de Mahatma rekening hield met de man, terwijl de anderen dat
niet deden. Ze vertelden de waarheid, maar ze hielpen hem niet,
terwijl de Mahatma hem steunde, met hem sympathiseerde, hem
begreep en hem echt mededogen toonde. Dit hielp de man zijn
zwakheid te overwinnen.

Hij had een dieper inzicht in de man, zijn lijden en zijn mentale conditie. Daarom daalde hij tot zijn niveau af. De anderen
daarentegen bleven op hun niveau van begrip en hadden geen
consideratie met de patiënt."

Amma stopte even en ging toen verder: "Mijn zoon, dit is
het hele proces van spirituele realisatie. De Meester beschouwt de
vlieg van onwetendheid, het ego, van de leerling als echt. Door
rekening te houden met de leerling en zijn onwetendheid, krijgt
de Meester de volledige medewerking van de leerling. Zonder
de medewerking van de leerling kan de Meester niets doen. Een
echt leergierige leerling zal er geen enkel probleem mee hebben
met een Echte Meester samen te werken omdat de Meester volledig rekening houdt met de leerling en zijn zwakheden, voordat
hij de leerling voor de realiteit probeert wakker te maken. Het

echte werk van een Echte Meester is de leerling te helpen ook een meester over alle situaties te worden."

## Baarmoeder van de liefde

Vraag Ik heb onlangs in een boek gelezen dat we allemaal een spirituele baarmoeder hebben. Bestaat zoiets?

Amma: Het kan alleen een voorbeeld zijn. Er is geen zichtbaar orgaan bekend als 'spirituele baarmoeder.' Misschien betekent het de ontvankelijkheid die we moeten ontwikkelen om liefde in ons te voelen en te ervaren. God heeft iedere vrouw het geschenk van de baarmoeder gegeven waarin ze een kind kan dragen, koesteren, voeden en het uiteindelijk ter wereld brengen. Op eenzelfde manier moeten wij voldoende ruimte in ons creëren zodat liefde zich kan vormen en groeien. Onze meditaties, gebeden en recitaties koesteren en voeden deze liefde en helpen het kind van liefde geleidelijk te groeien en zich voorbij alle beperkingen te ontwikkelen. Zuivere liefde is *shakti* (energie) in zijn zuiverste vorm.

## *Zijn spirituele mensen bijzonder?*

**V**raag Amma, denkt U dat spiritualiteit en spirituele mensen bijzonder zijn?

Amma: Nee.

Vraag: Wat dan?

Amma: Spiritualiteit gaat helemaal over het leiden van een volledig normaal leven in overeenstemming met ons innerlijke Zelf. Er is dus niets bijzonders aan.

Vraag: Zegt U dat alleen spiritueel ingestelde mensen een normaal leven leiden?

Amma: Heeft Amma dat gezegd?

Vraag: Niet direct, maar Uw uitspraak houdt dat wel in, nietwaar?

Amma: Dat is jouw interpretatie van Amma's woorden.

Vraag: Okay, maar wat denkt U van de meerderheid van de mensen die in de wereld leven?

Amma: Niet de meerderheid. Leven we niet allemaal in de wereld?

Vraag: Amma, alstublieft...

Amma: Zolang we in de wereld leven, zijn we allemaal wereldse mensen. Wat je spiritueel maakt, is de manier waarop je tegen het leven en zijn ervaringen aankijkt, terwijl je in de wereld leeft. Kijk mijn zoon, iedereen denkt dat hij een normaal leven leidt. Of hij een normaal leven leidt of niet, is iets waar ieder individu achter moet komen door juiste introspectie. We moeten ook weten dat spiritualiteit niet iets ongewoons of buitengewoons is. Spiritualiteit is niet om bijzonder te worden, maar om nederig te worden. Het is ook belangrijk dat we begrijpen dat het menselijke leven op zich erg bijzonder is.

# Alleen een tijdelijke stop

Vraag Amma, waarom is onthechting zo belangrijk voor een spiritueel leven?

Amma: Niet alleen spirituele aspiranten, maar iedereen die zijn capaciteiten en mentale rust wil vergroten, moet onthechting beoefenen. Onthecht zijn betekent een *saakshi* (getuige) worden van alle ervaringen in het leven.

Gehechtheid is het volstoppen van de geest en onthechting is het leegmaken van de geest. Hoe voller de geest zit, des te gespannener is hij en des te meer zal hij ernaar verlangen om leeggemaakt te worden. In de wereld van vandaag wordt de geest van de mensen steeds meer belast met negatieve gedachten. Dit roept natuurlijk een sterke drang, een echte behoefte aan onthechting op.

Vraag: Ik wil echt onthechting beoefenen, maar mijn overtuiging wankelt altijd.

Amma: Overtuiging komt alleen met bewustzijn. Hoe meer bewustzijn je hebt, des te sterker zul je overtuigd zijn. Mijn zoon, beschouw de wereld als een tijdelijke stop, eentje die wat langer duurt. We zijn allemaal op reis en dit is een van de plaatsen die we bezoeken. Zoals bij een reis per bus of trein, zullen we veel medepassagiers ontmoeten met wie we kunnen praten en van gedachten wisselen over het leven en wereldse zaken. Na een poosje kunnen we zelfs gehechtheid aan de persoon die naast ons zit ontwikkelen, maar iedere passagier moet uitstappen wanneer hij zijn bestemming bereikt heeft. Dus wanneer je iemand ontmoet of je in een bepaalde plaats vestigt, handhaaf dan het bewustzijn dat je op een dag zult moeten vertrekken. Als dit bewustzijn zich ontwikkelt en samengaat met een positieve houding, zal het je zeker leiden in alle omstandigheden in het leven.

Vraag: Amma, zegt U dat men onthechting moet beoefenen terwijl men in de wereld leeft?

Amma (glimlachend): Waar kun je anders onthechting leren als het niet is terwijl je in de wereld woont? Na de dood? In werkelijkheid is het beoefenen van onthechting de manier om de angst voor de dood te overwinnen. Het garandeert een volkomen pijnloze en gelukzalige dood.

Vraag: Hoe is dat mogelijk?

Amma: Omdat je, wanneer je onthecht bent, een saakshi blijft zelfs bij de ervaring van de dood. Onthechting is de juiste houding. Het is correcte waarneming. Als we bij het kijken naar een film ons met de personages identificeren en hen later in ons leven proberen te imiteren, is dat goed of slecht? Kijk naar een film met het bewustzijn dat het alleen maar een film is. Dan zul je er echt van genieten. De echte weg naar innerlijke rust is spiritueel denken en een spirituele manier van leven.

Je baadt niet voor altijd in een rivier. Je baadt erin om er fris en schoon uit te komen. Op dezelfde manier moet je, als je geïnteresseerd bent in het leiden van een spiritueel leven, je leven als getrouwde man of vrouw zien als een manier om van je *vasana's* (neigingen) af te komen. Met andere woorden vergeet niet dat je een gezinsleven leidt, niet om er steeds meer in verstrikt te raken, maar om dat en andere verwante vasana's uit te putten en vrij te worden van de gebondenheid aan activiteit. Je doel moet de afname van negatieve vasana's zijn, niet hun toename.

# Wat onze geest hoort

Vraag Amma, hoe definieert U 'geest'?

Amma: Het is een instrument dat nooit hoort wat er gezegd wordt, maar alleen wat het wil horen. Men vertelt je iets en de geest hoort iets anders. Door een opeenvolging van knippen, bewerken en plakken voert de geest een operatie uit op wat hij gehoord heeft. In dit proces verwijdert de geest sommige dingen en voegt andere dingen aan het origineel toe. Hij interpreteert het en schaaft het bij totdat het je uiteindelijk aanstaat. Dan overtuig je je ervan dat dit is wat er gezegd is.

Er is een kleine jongetje dat met zijn ouders naar de ashram komt. Op een dag vertelde zijn moeder Amma een interessant voorval dat thuis plaatsvond. De moeder zei tegen haar zoon dat hij zijn studie een beetje serieuzer op moest vatten, omdat zijn examens snel dichterbij kwamen. De prioriteiten van de jongen waren anders. Hij wilde aan sport doen en naar films kijken. In een ruzie die daarop volgde, vertelde de jongen zijn moeder uiteindelijk: "Mam, heb je niet gehoord dat Amma in Haar toespraken benadrukt dat we in het heden moeten leven? Ik begrijp in godsnaam niet waarom je je zulke zorgen maakt over de examens, die nog moeten komen, wanneer ik in het heden andere dingen te doen heb." Dat is wat hij gehoord had.

# Liefde en onbevreesdheid

Om te illustreren hoe liefde alle angst wegneemt, vertelde Amma het volgende verhaal.

Amma: Lang geleden was er een koning die over een Indiase staat regeerde en in een fort boven op een berg woonde. Iedere dag kwam er een vrouw naar het fort om melk te verkopen. Ze kwam rond zes uur 's ochtends en verliet het fort voor zes uur 's avonds. Precies om zes uur 's avonds werden de enorme deuren aan de ingang van het fort gesloten en daarna kon niemand binnenkomen of eruit gaan totdat de deuren 's morgens weer geopend werden.

Iedere ochtend als de wachters de enorme ijzeren deuren openden, stond de vrouw daar met een emmer melk op haar hoofd.

Toen de vrouw op een avond de ingang bereikte, was het een paar seconden over zes en de deuren waren net dicht. Ze had thuis een klein jongetje die op de terugkomst van zijn moeder wachtte. De vrouw viel aan de voeten van de bewakers en smeekte hen haar eruit te laten. Met tranen in haar ogen zei ze: "Heb alstublieft medelijden met mij. Mijn kleine jongen zal niet eten of slapen als ik niet bij hem ben. Arm kind. Hij zal de hele nacht huilen als hij zijn moeder niet ziet. Alstublieft! Laat me gaan!" Maar de wachters gaven niet toe, want zij konden niet in strijd met de orders handelen.

De vrouw rende in paniek het fort rond, wanhopig op zoek naar een plek waar zij eruit kon komen. Ze kon de gedachte niet verdragen dat haar onschuldige kleine jongen vol spanning vergeefs op haar terugkomst lag te wachten.

Het fort was omgeven door rotsachtige bergen, bossen vol dorenstruiken en kruipende en vergiftige planten. Toen de nacht viel, werd de moeder in de melkmeid steeds onrustiger en haar vastberadenheid om bij haar kind te zijn werd sterker. Ze liep het fort rond om een plaats te vinden vanwaar ze naar beneden kon klimmen en op de een of andere manier haar huis bereiken. Uiteindelijk ontdekte ze een plek die er naar verhouding minder steil en minder diep uitzag. Nadat ze de melkpot in een struik verborgen had, begon ze voorzichtig de berg af te dalen. Daarbij raakten er verschillende lichaamsdelen gewond en gekneusd. Ze lette niet op alle ongelukken. De gedachte aan haar zoon deed haar verdergaan. Uiteindelijk slaagde zij erin en bereikte de voet van de berg. De melkmeid rende naar huis en bracht de nacht gelukkig bij haar zoon door.

Toen de wachters de volgende morgen de poorten tot het fort openden, waren zij verbaasd de vrouw die de vorige avond niet had kunnen vertrekken, buiten te zien wachten om erin gelaten te worden.

"Als een gewone melkmeid het klaarspeelde om van ons niet in te nemen fort naar beneden te klimmen, dan moet er een plaats zijn waar vijanden zich toegang kunnen verschaffen om ons aan te vallen," dachten zij. Toen de wachters zich de ernst van de situatie realiseerden, arresteerden zij de vrouw onmiddellijk en brachten haar naar de koning.

De koning was iemand met veel begrip en ontwikkeling. Zijn wijsheid, moed en edele karakter werden door de mensen van het land geprezen. Hij ontving de melkmeid zeer beleefd. Met zijn handen samen om haar te begroeten zei hij: "O moeder, als mijn bewakers de waarheid spreken dat u afgelopen nacht hieruit ontsnapt bent, zou u dan zo vriendelijk willen zijn mij de plaats te tonen waar u het klaarspeelde naar beneden te klimmen?"

De melkmeid leidde de koning, zijn ministers en de bewakers

naar een bepaalde plek. Daar pakte ze de melkpot terug die ze de avond tevoren in de struiken verborgen had en liet hem aan de koning zien. De koning keek langs de steile berghelling naar beneden en vroeg haar: "Moeder, kunt u ons alstublieft laten zien hoe u gisteravond erin geslaagd bent hier naar beneden te klimmen?"

De melkmeid keek langs de zeer steile, afschrikwekkende muur van de berg naar beneden en trilde van angst. "Nee, dat kan ik niet!" schreeuwde ze.

"Hoe heeft u het dan gisteravond gedaan?" vroeg de koning.

"Ik weet het niet," antwoordde ze.

"Ik weet het wel," zei de koning vriendelijk. "Het was de liefde voor je zoon die je de kracht en de moed gaf om het onmogelijke te doen."

In ware liefde gaat men voorbij het lichaam, de geest en alle angst. De kracht van zuivere liefde is oneindig. Zulke liefde is allesomvattend, allesdoordringend. In die liefde kan men de eenheid van het Zelf ervaren. Liefde is het ademen van de ziel. Niemand zal zeggen: "Ik haal alleen adem in aanwezigheid van mijn vrouw, kinderen, ouders en vrienden. Ik kan niet ademen in de aanwezigheid van mijn vijanden, degenen die mij haten, of degenen die mij uitgescholden hebben." Dan kun je niet leven. Je zult sterven. Evenzo is liefde een aanwezigheid voorbij alle verschillen. Het is overal aanwezig. Het is onze levenskracht.

Zuivere, onschuldige liefde maakt alles mogelijk. Wanneer je hart vol van de zuivere energie van de liefde is, is zelfs de moeilijkste taak even gemakkelijk als het oprapen van een bloem.

# *Waarom zijn er oorlogen?*

Vraag Amma waarom is er zo veel oorlog en geweld?

Amma: Door gebrek aan begrip.

Vraag: Wat is gebrek aan begrip?

Amma: Afwezigheid van mededogen.

Vraag: Is er een verband tussen begrip en mededogen?

Amma: Ja, wanneer er echt begrip ontstaat, leer je echt rekening te houden met de ander en zijn zwakheden over het hoofd te zien. Daaruit ontwikkelt zich liefde. Wanneer zuivere liefde in ons opkomt, komt mededogen ook op.

Vraag: Ik heb U horen zeggen dat het ego de oorzaak van oorlog en conflicten is.

Amma: Dat is juist. Een onvolwassen ego en gebrek aan begrip zijn bijna hetzelfde. We gebruiken zoveel verschillende woorden, maar in principe betekenen zij allemaal hetzelfde.

Wanneer mensen het contact met hun innerlijke Zelf verliezen en zich meer met hun ego identificeren, kan er alleen geweld en oorlog zijn. Dat is wat er vandaag de dag in de wereld gebeurt.

Vraag: Amma, bedoelt U dat de mensen te veel belang hechten aan de uiterlijke wereld?

Amma: Beschaving (uiterlijk comfort en ontwikkeling) en *samskara* (het veredelen van gedachten en eigenschappen) horen hand in hand te gaan. Maar wat zien we in de samenleving? De spirituele waarden ontaarden snel, is het niet? Conflict en oorlog zijn het dieptepunt van het bestaan en samskara is het hoogtepunt.

De toestand van de wereld van vandaag kan het best beschreven worden door het volgende voorbeeld. Stel je een erg nauwe straat voor. Twee chauffeurs trappen hard op de rem van hun wagen, wanneer de voertuigen erg dicht bij elkaar komen. Als een van hen niet achteruitrijdt en voor de ander plaatsmaakt, kunnen ze niet verdergaan. Maar de chauffeurs blijven stevig op hun stoel zitten en verklaren koppig dat ze geen centimeter zullen wijken. De situatie kan alleen opgelost worden als een van hen blijk geeft van wat nederigheid en bereidwillig aan de ander voorrang verleent. Dan kunnen ze allebei gemakkelijk naar hun bestemming rijden. Degene die aan de ander voorrang verleent, kan er ook blij om zijn dat het alleen dankzij hem is dat de andere chauffeur verder kon gaan.

# Hoe kunnen we Amma gelukkig maken?

Vraag Amma, hoe kan ik U dienen?

Amma: Door anderen onbaatzuchtig te dienen.

Vraag: Wat kan ik doen om U gelukkig te maken?

Amma: Help anderen zich gelukkig te voelen. Dat maakt Amma werkelijk gelukkig.

Vraag: Amma, wilt U niets van me?

Amma: Ja, Amma wil dat je gelukkig bent.

Vraag: Amma, U bent zo mooi.

Amma: Die schoonheid is ook in jou. Je moet hem alleen vinden.

Vraag: Ik houd van U, Amma.

Amma: Dochter, in werkelijkheid zijn jij en Amma niet twee. We zijn één. Er is dus alleen liefde.

# Het echte probleem

Vraag Amma, U zegt dat alles Eén is, maar ik zie alles gescheiden. Waarom is dat zo?

Amma: Dingen gescheiden of verschillend zien is het probleem niet. Het echte probleem is dat we de Eenheid achter die verscheidenheid niet kunnen zien. Dat is verkeerde waarneming, wat echt een beperking is. De manier waarop je naar de wereld en wat er om je heen gebeurt kijkt, moet gecorrigeerd worden. Daarna zal alles vanzelf veranderen.

Ons gezichtsvermogen moet gecorrigeerd worden, wanneer onze uiterlijke ogen zwak worden, dat wil zeggen wanneer we voorwerpen dubbel beginnen te zien. Zo ook moet het innerlijk oog aangepast worden volgens de instructies van iemand die gevestigd is in de ervaring van die Eenheid, een *Satguru*.

# Er is niets aan de hand met de wereld

Vraag Wat is er met de wereld aan de hand? Het ziet er niet zo goed uit. Kunnen we er iets aan doen?

Amma: Er is niets mis met de wereld. Het probleem zit in de menselijke geest, het ego. Het ongecontroleerde ego maakt de wereld problematisch. Wat meer begrip en wat meer compassie kan veel verandering teweegbrengen.

Het ego regeert de wereld. De mensen zijn een hulpeloos slachtoffer van hun ego. Gevoelige mensen met een meedogend hart zijn moeilijk te vinden. Vind je eigen innerlijke harmonie, het prachtige lied van leven en liefde in je. Ga de mensen die lijden helpen. Leer anderen voor te laten gaan. Maar word niet verliefd op je eigen ego in naam van liefhebben en dienen. Houd je ego, maar wees meester over je eigen geest en je ego. Houd met iedereen rekening, omdat dat de deur naar God en je eigen Zelf is.

# *Waarom het spirituele pad volgen?*

Vraag Waarom zou iemand het spirituele pad moeten volgen?

Amma: Dit is als het zaadje dat vraagt: "Waarom zou ik onder de grond gaan, kiemen en opgroeien?"

# Het omgaan met spirituele energie

Vraag Er is op zijn minst een klein aantal mensen dat zijn gezond verstand verliest na het beoefenen van spirituele oefeningen. Waardoor komt dit?

Amma: Spirituele oefeningen bereiden je beperkte lichaam en geest erop voor de universele *shakti* (energie) te bevatten. Ze openen de poort tot hoger bewustzijn in je. Met ander woorden zij hanteren direct de pure shakti. Als je niet voorzichtig bent, kunnen de oefeningen mentale en fysieke problemen veroorzaken. We kunnen bijvoorbeeld dankzij licht zien, maar te veel licht beschadigt onze ogen. Op dezelfde manier is shakti of gelukzaligheid zeer weldadig, maar als je niet weet hoe je er op de juiste manier mee om moet gaan, kan het gevaarlijk zijn. Alleen de leiding van een *Satguru* (Echte Meester) kan je hierin echt helpen.

## De klacht en het mededogen
## van een onschuldig hart

Een klein jongetje kwam naar Amma toe gerend een liet Haar zijn rechter handpalm zien. Amma hield liefdevol zijn vinger vast en vroeg in het Engels: "Wat, baby?" Hij draaide zich om en zei: "Daar…"

Amma (in het Engels): Daar, wat?

Jongetje: Papa…

Amma (in het Engels): Papa, wat?

Jongetje (wijzend naar zijn handpalm): Papa zit hier.

Amma (omhelst de jongen stevig en spreekt Engels): Amma roep papa.

*Op dat moment kwam de vader naar Amma toe. Hij zei dat hij die morgen per ongeluk op de hand van het jongetje gezeten had. Dit was thuis gebeurd en het jongetje probeerde dit Amma uit te leggen.*

*Amma hield de jongen nog steeds dicht tegen zich aan en zei: "Kijk, mijn baby, Amma gaat jouw papa een goed pak slaag geven, okay?"*

*De jongen knikte van ja. Amma deed alsof Ze de vader sloeg en de vader van het jongetje wendde voor te huilen. Plotseling pakte de kleine jongen Amma's arm beet en zei: "Genoeg."*

*Amma hield het kind nog dichter tegen zich aan en lachte. De toegewijden lachten ook mee.*

Amma: Kijk, hij houdt van zijn vader. Hij wil niet dat iemand zijn vader pijn doet.

Kinderen, jullie moeten ook leren hoe je je hart bij God uit moet storten, zoals dit jongetje, dat zonder voorbehoud zijn hart voor Amma opende. Hoewel Amma alleen maar deed alsof Ze zijn vader sloeg, was het voor hem echt. Hij wilde niet dat zijn vader pijnleed. Kinderen, jullie moeten op dezelfde manier de pijn van anderen begrijpen en met iedereen compassie hebben.

# De dromende leerling wakker maken

**V**raag Hoe helpt de Guru de leerling bij het transcenderen van het ego?

Amma: Door de noodzakelijke situaties te scheppen. In feite is het het mededogen van de *Satguru* dat de leerling helpt.

Vraag: Wat helpt dus de leerling precies? De situaties of het mededogen van de Guru?

Amma: De situaties ontstaan als gevolg van het oneindige mededogen van de Guru.

Vraag: Zijn deze situaties normale situaties of zijn zij bijzonder?

Amma: Het zijn normale situaties. Maar ze zijn ook bijzonder omdat ze een vorm van de zegen van de Satguru zijn om de leerling spiritueel te verheffen.

Vraag: Is er een conflict tussen de Guru en de leerling tijdens het proces van het verwijderen van het ego?

Amma: De geest zal worstelen en protesteren, omdat hij wil blijven slapen en doorgaan met dromen. Hij wil niet gestoord worden. Maar een Echte Meester verstoort de slaap van de leerling. Het enige doel van de Satguru is de leerling wakker te maken. Er is dus een schijnbare tegenstrijdigheid, maar een echte leerling die met *shraddha* (liefdevol vertrouwen) begiftigd is, zal zijn onderscheidingsvermogen gebruiken om zulke innerlijke conflicten te overwinnen.

# Gehoorzaamheid aan de Guru

Vraag Zal perfecte gehoorzaamheid aan de Guru uiteindelijk tot de dood van het ego leiden?

Amma: Ja, dat is zo. In de *Kathopanishad* stelt Yama, de Heer van de dood, de Satguru voor. Dit is omdat de Guru de dood van het ego van de leerling symboliseert, die alleen met de hulp van een Guru plaats kan vinden.

Gehoorzaamheid aan de Satguru komt voort uit de liefde van de leerling voor de Guru. De leerling voelt zich enorm geïnspireerd door de zelfopoffering en het mededogen van de Meester. Geraakt door deze aard van de Guru blijft de leerling spontaan open en gehoorzaam aan de Guru.

Vraag: Er is buitengewoon veel moed voor nodig om de dood van het ego onder ogen te zien, nietwaar?

Amma: Zeker, en daarom zijn heel weinig mensen daartoe in staat. Het ego laten sterven is als kloppen op de deur van de dood. Dat is wat Nachiketas, de jonge zoeker uit de Kathopanishad, deed. Maar als je de moed en vastberadenheid hebt om op de deur van dood te kloppen, zul je ontdekken dat er geen dood is. Want zelfs de dood, of de dood van het ego, is een illusie.

# De horizon is hier

**V**raag Waar is het Zelf verborgen?

Amma: Deze vraag is als vragen: "Waar ben ik verborgen?" Je bent nergens verborgen. Je bent in jezelf. Op dezelfde manier is ook het Zelf in je en buiten je.

Vanaf de kust lijkt het alsof de oceaan en de horizon elkaar op één punt raken. Stel dat er daar een eiland is. Het lijkt dan alsof de bomen de hemel raken. Maar als we daarheen gaan, zien we dan het raakpunt? Nee, integendeel, het raakpunt verwijdert zich ook. Nu is het op een andere plaats. Waar is de horizon in werkelijkheid? De horizon is hier, waar we staan, nietwaar? Op dezelfde manier is dat waarnaar je zoekt, precies hier. Maar zolang we door ons lichaam en onze geest gehypnotiseerd zijn, zal het ver weg blijven.

Wat de hoogste kennis betreft, ben je als een bedelaar. De Ware Meester verschijnt en vertelt je: "Kijk, je bezit het hele universum. Gooi je bedelnap weg en zoek naar de schat die in je verborgen is."

Je onwetendheid over de realiteit maakt dat je koppig zegt: "Je praat onzin. Ik ben een bedelaar en ik wil de rest van mijn leven blijven bedelen. Laat me alstublieft met rust." Een *Satguru* zal je echter niet op die manier in de steek laten. De Satguru zal je steeds opnieuw aan hetzelfde blijven herinneren, totdat je overtuigd bent en begint te zoeken.

In het kort, de Satguru helpt ons de bedelende toestand van onze geest te beseffen, spoort ons aan om de bedelnap weg te gooien en helpt ons de eigenaar van het universum te worden.

# Vertrouwen en de rozenkrans

Tijdens een Devi Bhava in San Ramon, Californië, stond ik op het punt *bhajans* (devotionele liederen) te gaan zingen, toen een vrouw mij met tranen in Haar ogen benaderde. Ze zei: "Ik heb iets verloren dat mij zeer dierbaar is."

De vrouw klonk erg wanhopig. Ze zei: "Ik lag boven op het balkon te slapen met de rozenkrans die mijn grootmoeder mij gegeven heeft. Toen ik wakker werd, was hij verdwenen. Iemand heeft hem gestolen. Hij was van onschatbare waarde voor me. O mijn God, wat moet ik nu doen?" Ze begon te huilen.

"Heeft u bij de gevonden voorwerpen gekeken?" informeerde ik.

"Ja," zei ze, "maar daar was hij niet."

Ik zei: "Huil alsjeblieft niet. Laten we het omroepen. Als iemand hem gevonden heeft of per ongeluk heeft meegenomen, brengt hij hem misschien terug als u uitlegt hoe kostbaar hij voor u is."

Ik stond op het punt om haar naar de geluidsapparatuur te brengen, toen ze zei: "Hoe kan dit in een Devi Bhava nacht gebeuren, als ik voor Amma's darshan gekomen ben?"

Toen ik haar dit hoorde zeggen, zei ik spontaan tegen haar: "Kijk, u was niet oplettend genoeg. Daarom bent u uw rozenkrans verloren. Waarom sliep u met de rozenkrans in uw hand als hij zo kostbaar voor u was? Er zijn hier vannacht allerlei soorten mensen bijeen. Amma wijst niemand af. Ze laat iedereen deelnemen en blij zijn. Dit wetend had u beter voor uw rozenkrans moeten zorgen. In plaats daarvan geeft u Amma de schuld zonder de verantwoordelijkheid op u te nemen dat u onzorgvuldig bent geweest."

De vrouw was niet overtuigd. Ze zei: "Mijn vertrouwen in Amma is geschokt."

Ik vroeg haar: "Had u vertrouwen dat u kon verliezen? Als u echt vertrouwen had, hoe kon u dat dan verliezen?"

Ze zei niets. Ik leidde haar naar de geluidsapparatuur en ze deed de aankondiging.

Een paar uur later, toen ik klaar was met zingen, kwam ik de vrouw bij de hoofdingang naar de zaal tegen. Ze wachtte op me. Ze vertelde me dat ze de rozenkrans gevonden had. Iemand had hem op het balkon zien liggen en meegenomen, omdat hij dacht dat het een geschenk van Amma voor hem was. Maar toen hij de aankondiging hoorde, bracht hij hem terug.

De vrouw zei: "Dank u voor uw suggestie."

"Dank Amma, omdat Zij zo mededogend was dat Ze niet wilde dat u uw vertrouwen verloor," antwoordde ik. Voordat ik afscheid van haar nam, zei ik tegen haar: "Hoewel er hier verschillende soorten mensen zijn, houden ze allemaal van Amma. Anders had u uw rozenkrans niet teruggezien."

# Liefde en overgave

Vraag Amma, wat is het verschil tussen liefde en overgave?

Amma: Liefde is voorwaardelijk. Overgave is onvoorwaardelijk.

Vraag: Wat betekent dat?

Amma: In liefde is er de minnaar en de geliefde, leerling en Meester, toegewijde en God. Maar in overgave verdwijnen de twee. Alleen de Meester is. Alleen God is.

# Bewustzijn en waakzaamheid

Vraag Is bewustzijn hetzelfde als *shraddha* (liefdevol vertrouwen)?

Amma: Ja, hoe meer shraddha je hebt, hoe bewuster je bent. Gebrek aan bewustzijn creëert hindernissen op de weg naar eeuwige vrijheid. Het is alsof je in de mist rijdt. Je kunt niets duidelijk zien. Het is ook gevaarlijk omdat er ieder ogenblik een ongeluk kan gebeuren. Handelingen die je met bewustzijn verricht, helpen je daarentegen om je ingeboren goddelijkheid te realiseren. Ze laten je helderheid van moment tot moment toenemen.

# Vertrouwen maakt alles gemakkelijk

Vraag Waarom is Zelfrealisatie zo moeilijk te bereiken?

Amma: In feite is Zelfrealisatie gemakkelijk, omdat de *Atman* (het Zelf) zeer dicht bij ons is. Het is de geest die het moeilijk maakt.

Vraag: Maar zo wordt het niet in de geschriften en door Grote Meesters beschreven. De middelen en methoden zijn erg rigoureus.

Amma: De geschriften en de Grote Meesters proberen het altijd eenvoudig te maken. Ze blijven je eraan herinneren dat het Zelf of God je ware aard is, wat betekent dat het niet ver weg is. Het is het echte jij, je oorspronkelijke gezicht. Maar je moet vertrouwen hebben om deze waarheid in je op te nemen. Gebrek aan vertrouwen maakt het pad moeilijk en vertrouwen maakt het eenvoudig. Zeg tegen een kind: "Jij bent de koning," en in een mum zal hij zich daarmee identificeren en zich beginnen te gedragen als een koning. Hebben volwassenen zo'n vertrouwen? Nee, dat hebben ze niet. Daarom is het moeilijk voor hen.

# Je concentreren op het Doel

Vraag Amma, hoe kan iemand zijn spirituele reis bespoedigen?

Amma: Door oprechte *sadhana* (spirituele oefeningen) en je op het Doel te concentreren. Vergeet nooit dat je fysieke bestaan in deze wereld bedoeld is voor het bereiken van spirituele realisatie. Je denken en je leven moeten op zo'n manier gevormd worden dat ze je helpen vooruit te gaan op de weg.

Vraag: Is je concentreren op het Doel hetzelfde als onthechting?

Amma: Bij iemand die zich op het Doel concentreert, ontstaat vanzelf onthechting. Als je bijvoorbeeld naar een andere stad reist waar je dringende zaken te doen hebt, dan zullen je gedachten de hele tijd op je bestemming gericht zijn, nietwaar? Misschien zie je een prachtig park en een meer, een leuk restaurant, een jongleur die met vijftien ballen jongleert, enzovoorts, maar word je daardoor aangetrokken? Nee. Je zult onverschillig staan tegenover deze bezienswaardigheden en zult gericht zijn op de bestemming. Op dezelfde manier volgt onthechting vanzelf als men echt op het Doel gericht is.

# Handelen en gebondenheid

V raag Sommige mensen geloven dat activiteit hindernissen op het spirituele pad creëert en dat het daarom aan te raden is om van activiteit af te zien. Is dit juist?

Amma: Dat is waarschijnlijk de definitie van een lui iemand. *Karma* (activiteit) is op zich niet gevaarlijk. Maar wanneer het niet samengaat met mededogen, wanneer men voor eigen voldoening en alleen uit heimelijke motieven handelt, dan wordt het gevaarlijk. Tijdens een operatie bijvoorbeeld moet een dokter volledig bewust zijn en ook een meedogende houding hebben. Als de dokter in plaats daarvan over moeilijkheden thuis piekert, daalt zijn niveau van bewustzijn. Dit kan zelfs het leven van de patiënt in gevaar brengen. Zulk karma is *adharma* (onjuiste activiteit). Aan de andere kant kan de voldoening die een dokter aan een succesvolle operatie ontleent, hem helpen te groeien, mits die in de juiste banen wordt geleid. Met andere woorden, als bewustzijn en mededogen de drijvende kracht achter karma is, versnelt het je spirituele reis. Als we daarentegen dingen met weinig of geen bewustzijn en met gebrek aan compassie doen, wordt het gevaarlijk.

# Het onderscheidingsvermogen laten groeien

Vraag Amma, hoe groeit het onderscheidingsvermogen?

Amma: Door contemplatieve activiteit.

Vraag: Is een geest die onderscheid maakt, een volwassen geest?

Amma: Ja, een spiritueel volwassen geest.

Vraag: Heeft zo'n geest grotere capaciteiten?

Amma: Grotere capaciteiten en meer begrip.

Vraag: Begrip van wat?

Amma: Begrip van alles, iedere situatie en ervaring.

Vraag: U bedoelt zelfs de negatieve en pijnlijke situaties?

Amma: Ja, alles. Zelfs pijnlijke ervaringen hebben een positief effect op ons leven, wanneer we ze ten volle begrijpen. Beneden de oppervlakte van alle ervaringen, goed of slecht, ligt de spirituele boodschap. Dus alles van de buitenkant bekijken is materialisme en alles van de binnenkant bekijken is spiritualiteit.

# De laatste sprong

Vraag Amma, is er een moment in het leven van een zoeker dat hij eenvoudig moet wachten?

Amma: Ja. Nadat de *sadhak* (spirituele zoeker) lange tijd spirituele oefeningen heeft gedaan, dat wil zeggen nadat hij alle noodzakelijke inspanning verricht heeft, zal er een moment komen dat hij met alle *sadhana* (spirituele oefeningen) op moet houden en geduldig moet wachten totdat realisatie plaatsvindt.

Vraag: Kan de zoeker op dat moment de sprong alleen wagen?

Amma: Nee. Het is juist een cruciaal moment waarop de sadhak ontzettend veel hulp nodig heeft.

Vraag: Zal de Guru die hulp geven?

Amma: Ja, alleen de genade van de *Satguru* (Echte Meester) kan de sadhak op dat punt helpen. Op dat moment heeft de sadhak absoluut geduld nodig. Hij heeft alles gedaan wat hij kon. Hij heeft alle eigen inspanning geleverd. Nu is de sadhak hulpeloos. Hij weet niet hoe hij de laatste stap moet zetten. De zoeker kan op dit punt zelfs in verwarring raken en terugkeren naar de wereld, denkend dat de toestand van Zelfrealisatie niet bestaat. Alleen de aanwezigheid en genade van de Satguru zal de zoeker inspireren en hem helpen die toestand te transcenderen.

# Het gelukkigste moment
## in Amma's leven

Vraag Amma, wat is het gelukkigste moment in Uw leven?

Amma: Ieder moment.

Vraag: Dat betekent?

Amma: Amma bedoelt dat Zij voortdurend gelukkig is, omdat er wat Amma betreft alleen zuivere liefde is.

*Amma sprak enige tijd niet. De darshan ging verder. Toen bracht een toegewijde een afbeelding van de Godin Kali die op Shiva's borst danst, om die door Amma te laten zegenen. Amma liet de afbeelding aan de toegewijde in de vragenrij zien.*

Amma: Kijk naar deze afbeelding. Hoewel Kali er woest uitziet, is ze in een gelukzalige stemming. Weet je waarom? Omdat ze net het hoofd, het ego, van haar geliefde leerling afgehakt heeft. Het hoofd wordt als de zetel van het ego beschouwd. Kali viert dat kostbare moment waarop haar leerling zijn ego volledig getranscendeerd heeft. Er is weer een ziel die lang in de duisternis heeft rondgewaard, bevrijd uit de klauwen van *maya* (illusie).

Wanneer iemand verlossing bereikt, stijgt de *kundalini shakti* (spirituele energie) van de hele schepping en wordt wakker. Van dan af ziet hij alles als goddelijk. Dit brengt het begin van een eindeloze viering teweeg. Daarom danst Kali in extase.

Vraag: Bedoelt U dat voor U ook het gelukkigste moment is wanneer Uw kinderen voorbij hun ego kunnen gaan?

*Er kwam een stralende glimlach op Amma's gezicht.*

# Het grootste geschenk dat Amma geeft

Een oudere toegewijde die kanker in een gevorderd stadium had, kwam voor Amma's darshan. Omdat de man wist dat hij zeer spoedig zou sterven, zei hij: "Vaarwel, Amma. Hartelijk dank voor alles wat U me gegeven hebt. U hebt dit kind met zuivere liefde overladen en hebt me in deze pijnlijke periode de weg gewezen. Zonder U zou ik al lang geleden ingestort zijn. Houd deze ziel altijd dicht bij U." Toen hij dit zei, nam hij Amma's hand en legde die op zijn borst.

De man snikte toen en verborg zijn gezicht in zijn handen. Amma legde hem liefdevol op Haar schouder, terwijl Ze de tranen afveegde die over Haar eigen wangen liepen.

Amma tilde zijn hoofd van Haar schouder op en keek diep in zijn ogen. Hij hield op met huilen. Hij keek zelfs vrolijk en vol kracht. Hij zei: "Door alle liefde die U mij gegeven hebt, Amma, is Uw kind niet verdrietig. Mijn enige zorg is of ik wel of niet in Uw schoot zal blijven, ook na de dood. Daarom huilde ik. Voor de rest is alles okay."

Amma staarde met diepe liefde en zorg in zijn ogen en zei zachtjes: "Maak je geen zorgen, mijn kind. Amma verzekert je dat je eeuwig in Haar schoot zult blijven."

Het gezicht van de man klaarde plotseling op door een geweldige vreugde. Hij keek zo vredig. Met Haar ogen nog nat sloeg Amma hem stil gade toen hij wegliep.

## *Liefde brengt alles tot leven*

Vraag Amma, als alles doordrongen is van bewustzijn, hebben levenloze objecten dan ook bewustzijn?

Amma: Zij hebben een bewustzijn dat je niet kunt voelen of begrijpen.

Vraag: Hoe kunnen we dat begrijpen?

Amma: Door zuivere liefde. Liefde brengt alles tot leven en bewustzijn.

Vraag: Ik ervaar liefde, maar ik zie niet alles als levend en bewust.

Amma: Dat betekent dat er iets mis is met je liefde.

Vraag: Liefde is liefde. Hoe kan er iets mis zijn met liefde?

Amma: Echte liefde is dat wat ons overal het leven en de levens-kracht laat ervaren. Als jouw liefde je niet in staat stelt dit te zien, is die liefde geen echte liefde. Het is denkbeeldige liefde.

Vraag: Maar dit is iets wat erg moeilijk te begrijpen en te beoefenen is, nietwaar?

Amma: Nee, dat is het niet.

*De toegewijde was stil met een onzekere uitdrukking op haar gezicht.*

Amma: Het is niet zo moeilijk als je denkt. In feite doet bijna iedereen het, maar men is zich er niet van bewust.

*Net op dat moment bracht een toegewijde haar poes om die door Amma te laten zegenen. Amma hield een tijdje op met praten. Ze hield de poes een paar momenten liefdevol vast en liefkoosde hem. Ze bracht toen voorzichtig wat sandelhoutpasta aan op zijn voorhoofd en gaf hem een Hershey Kiss te eten.*

Amma: Jongen of meisje?

Vraag: Meisje

Amma: Hoe heet ze?

Vraag: Rose… (heel bezorgd) Ze voelt zich de laatste twee dagen niet goed. Zegen haar alstublieft Amma, voor een snel herstel. Ze is mijn trouwe vriendin en kameraad.

*Toen de vrouw deze woorden sprak, kwamen er tranen in haar ogen. Amma wreef liefdevol wat heilige as op de poes en gaf hem terug aan de toegewijde, die blij Amma verliet.*

Amma: Voor die dochter is haar poes niet een van de miljoenen poezen. Haar poes is uniek. Het is bijna een mens voor haar. Wat haar betreft heeft haar 'Rose' een eigen individualiteit. Waarom? Omdat ze zoveel van de poes houdt. Ze is er geweldig me geïdentificeerd.

Mensen over de hele wereld doen dit, nietwaar? Ze geven hun poes, hond, papegaai en soms zelfs een boom een naam. Als ze het een naam gegeven hebben en hun eigen gemaakt hebben, wordt het dier, de vogel of de plant voor die persoon uniek en anders dan andere soortgenoten. Plotseling krijgt het de status van iets meer dan een gewoon schepsel. De identificatie van die persoon ermee geeft het nieuw leven.

Kijk naar kleine kinderen. Een pop wordt voor hen een levend en bewust iets. Ze praten met de pop, geven hem te eten en slapen ermee. Wat geeft de pop leven? De liefde van het kind ervoor, is het niet? Liefde kan zelfs een gewoon object veranderen in een levend en bewust ding.

Vertel Amma nu, is zulke liefde moeilijk?

## *Een grote les in vergeving*

Vraag Amma, is er iets wat U me nu wilt vertellen? Speciale instructies voor me op dit punt in mijn leven?

Amma (glimlachend): Wees geduldig.

Vraag: Is dat alles?

Amma: Dat is veel.

*De toegewijde had zich omgekeerd en een paar stappen gezet, toen Amma hem toeriep: "...en wees ook vergevingsgezind!"*

*Toen de man Amma's woorden hoorde, draaide hij zich om en vroeg: "Hebt U het tegen mij?"*

Amma: Ja, tegen jou.

*De man kwam terug naar Amma's zitplaats.*

Vraag: Ik weet zeker dat U me een bepaalde aanwijzing geeft, want dat is altijd mijn ervaring in het verleden geweest. Amma, zeg me alstublieft duidelijk wat U suggereert.

*Amma ging verder met darshan geven terwijl de man wachtte om meer te horen. Enige tijd zei Amma niets.*

Amma: Er moet iets zijn, een bepaald voorval of situatie die plotseling in je opkwam. Waarom reageerde je anders zo snel toen je Amma 'vergevingsgezind' hoorde zeggen? Zoon, je had niet dezelfde reactie toen Amma je zei 'wees geduldig'. Je accepteerde het en begon weg te lopen, is het niet? Dus iets zit je echt dwars.

*Toen de man Amma's woorden hoorde, zat hij enige tijd stil met zijn hoofd naar beneden. Plotseling begon hij te huilen en bedekte zijn gezicht met zijn handen. Amma kon het niet aanzien dat Haar kind huilde. Liefdevol veegde Ze zijn tranen af en wreef over zijn borst.*

Amma: Maak je geen zorgen, mijn zoon. Amma is bij je.

Vragensteller (snikkend): U hebt gelijk. Ik kan mijn zoon niet vergeven. Ik heb het afgelopen jaar niet met hem gesproken. Ik ben diep gekwetst en erg kwaad op hem. Amma, help me alstublieft.

Amma (kijkt meedogend naar de toegewijde): Amma begrijpt het.

Vraag: Ongeveer een jaar geleden kwam hij op een dag hopeloos stoned thuis. Toen ik hem over zijn gedrag ondervroeg, werd hij gewelddadig en schreeuwde naar me. Toen begon hij borden stuk te smijten en dingen te vernielen. Ik verloor mijn geduld helemaal en gooide hem het huis uit. Sindsdien heb ik hem niet gezien of gesproken.

*De man zag er werkelijk ellendig uit.*

Amma: Amma ziet je hart. Iedereen zou zijn zelfbeheersing in die situatie verloren hebben. Draag geen schuldgevoelens over het voorval met je mee. Maar het is belangrijk dat je hem vergeeft.

Vraag: Ik wil wel, maar ik kan het niet vergeten en verdergaan. Steeds wanneer mijn hart me zegt hem te vergeven, trekt mijn geest het in twijfel. Mijn geest zegt: "Waarom zou je hem vergeven? Hij beging de fout, laat hem dus komen om zijn spijt te betonen en je om vergeving te vragen."

Amma: Zoon, wil je de situatie echt oplossen?

Vraag: Ja, Amma. Dat wil ik en ik wil helpen mijzelf en mijn zoon te helen.

Amma: Indien dat zo is, luister dan nooit naar je geest. De geest kan een dergelijke situatie niet helen of oplossen. Integendeel, de geest zal het verergeren en je meer in verwarring brengen.

Vraag: Amma, wat is Uw advies?

Amma: Amma is misschien niet in staat te zeggen wat je wil horen, maar Amma kan je vertellen wat je echt zal helpen de situatie te helen en vrede tussen jou en je zoon tot stand te brengen. Heb vertrouwen en de dingen zullen geleidelijk in orde komen.

Vraag: Wees zo vriendelijk me te instrueren, Amma. Ik zal mijn best doen om alles te doen wat U zegt.

Amma: Wat gebeurd is, is gebeurd. Sta jezelf toe dat eerst te geloven en te accepteren. Dan moet je er vertrouwen in hebben dat er achter de bekende oorzaak ook een onbekende oorzaak was voor de reeks gebeurtenissen die op die dag plaatsvond. Je geest is onbuigzaam en wil graag je zoon de schuld van alles geven. Prima. Wat dat speciale incident betreft, dat was misschien zijn schuld. Niettemin...

Vragensteller (gretig): Amma, U hebt niet afgemaakt wat U wilde gaan zeggen.

Amma: Laat Amma je een vraag stellen. Was jij vol respect en liefde tegenover je ouders, vooral je vader?

Vragensteller (enigszins in de war): Met mijn moeder had ik inderdaad een prachtige relatie... maar met mijn vader had ik een verschrikkelijke relatie.

Amma: Waarom?

Vraag: Omdat hij erg strikt was en ik vond het moeilijk zijn manier van doen te accepteren.

Amma: En natuurlijk waren er momenten dat je erg grof tegen hem was, wat zijn gevoelens kwetste, is het niet?

Vraag: Ja.

Amma: Dat betekent dat wat je tegenover je vader gedaan hebt, nu naar je terugkomt in de vorm van je zoon, zijn woorden en daden.

Vraag: Amma, ik heb vertrouwen in Uw woorden.

Amma: Zoon, heb je niet erg veel geleden door de gespannen verhouding met je vader?

Vraag: Ja, dat is zo.

Amma: Heb je hem ooit vergeven en de relatie hersteld?

Vraag: Ja, maar pas een paar dagen voor zijn dood.

Amma: Zoon, wil je dat jouw zoon hetzelfde lijden ondergaat wat jou op zijn beurt ook ellende bezorgt?

*De man barstte in tranen uit terwijl hij zijn hoofd schudde en zei: "Nee, Amma, nee... nooit."*

Amma (hem dicht tegen zich aanhoudend): Vergeef dus je zoon, omdat dat de weg naar vrede en liefde is.

*De man zat naast Amma en mediteerde lange tijd. Toen hij vertrok zei hij: "Ik voel me zo licht en ontspannen. Ik ga mijn zoon zo snel mogelijk opzoeken. Dank U, Amma. Dank U zeer."*

# *Darshan*

Vraag Hoe moeten mensen U benaderen om Uw darshan optimaal te ontvangen?

Amma: Hoe ervaren we de schoonheid en geur van een bloem het best? Door volledig open te blijven voor de bloem. Stel dat je een verstopte neus hebt. Dan mis je de ervaring. Op dezelfde manier zul je Amma's darshan missen, als je geest is geblokkeerd door oordelende gedachten en vooropgezette ideeën.

Een wetenschapper ziet een bloem als een object om experimenten mee te doen, voor een dichter is het de inspiratie voor een gedicht. En een musicus? Hij zingt over de bloem. En een kruidenkenner ziet het als de bron voor een effectief medicijn, nietwaar? Voor een dier of een insect is het alleen maar voedsel. Geen van hen ziet de bloem als bloem, als een geheel. Op dezelfde manier hebben de mensen allemaal een verschillende aard. Amma ontvangt iedereen gelijk, geeft ze allemaal dezelfde gelegenheid, dezelfde liefde, dezelfde darshan. Ze wijst niemand af, omdat ze allemaal Haar kinderen zijn. Maar afhankelijk van de ontvankelijkheid van de ontvanger zal de darshan anders zijn.

Darshan is er altijd. Het is een nooit ophoudende stroom. Je moet het alleen ontvangen. Als je je minstens één seconde helemaal uit je geest terug kunt trekken, zal de darshan in al zijn volheid plaatsvinden.

Vraag: Ontvangt iedereen Uw darshan in die zin?

Amma: Het hangt ervan af hoe open de persoon is. Hoe opener, hoe meer darshan hij ontvangt. Iedereen ontvangt een glimp, maar niet alles.

Vraag: Een glimp waarvan?

Amma: Een glimp van wat hij werkelijk is.

Vraag: Betekent dat dat zij ook een glimp krijgen van wat U werkelijk bent?

Amma: De realiteit in Amma en jou is dezelfde.

Vraag: Wat is dat?

Amma: De gelukzalige stilte van de liefde.

# Niet denken, maar vertrouwen

Verslaggever: Amma wat is het doel waarvoor U hier op deze planeet bent?

Amma: Wat is het doel waarvoor *u* hier op deze planeet bent?

Verslaggever: Ik heb bepaalde doelen in mijn leven gesteld. Ik denk dat ik hier ben om die te bereiken.

Amma: Amma is ook hier om bepaalde doelen te vervullen die bevorderlijk voor de samenleving zijn. Maar in tegenstelling tot u *denkt* Amma niet alleen dat die doeleinden bereikt zullen worden, Amma heeft er volledig vertrouwen in dat die doeleinden verwezenlijkt zullen worden.

# AUM TAT SAT

*  9 7 8 1 6 8 0  3 7 5 0 8 4  *